日本文史達人帶您縱覽日本幕末

一本就懂日本幕末

洪維揚◎著

前言

化繁為簡，掌握因果

波瀾壯闊的幕末歷史

幕末對內是日本從封建的幕藩體制躍進到近代國家的關鍵時期，對外是受英、法、美、俄等帝國主義強權到掙脫其束縛與萬國處在平等地位的時期。儘管從黑船到來到宣布王政復古為止，不過短暫的十五、六年，期間志士豪傑前仆後繼為他們的「理想」盡心盡力，甚至獻上性命——雖然他們的理想在現在看來未必是良方。

愈是險惡的時局愈是考驗著執政者（幕府老中）的智慧，在左右為難的情形下執政者大致滿足了列強的要求，但過於軟弱的行為及唯唯諾諾的態度卻激起國內（朝廷及強大的諸藩大名）的不滿，最終被擁戴天皇的尊（王）攘（夷）派和武力討幕派聯手推翻。

這段波瀾壯闊的歷史即便過了一百五十餘年，驚心動魄的過程與性格突出的人物仍為現代日本人津津樂道，傳統的說唱藝術、歌謠戲劇自不用說，每逢數年便翻拍成包含大河劇在內的連續劇、電影，以此為題材的動漫、小說更是不計其數。

數年前筆者曾寫過以幕末為主題的著作，詳盡介紹幕末的歷史，政治主張的跌宕起伏、列強在日本的角逐盤算、諸藩的排擠及合作，到以志士自許的諸藩藩士跨越藩的框架協力合作將自家的藩導向倒幕的經過。之後還將內

容延伸到王政復古後討幕與佐幕的武力作戰（《戊辰戰爭》）和維新初期各種不同意見的折衝對立（《御一新》），成為「幕末·維新史」系列。這部系列內容超過百萬字，即便是經常閱讀的人也感吃力，何況是每天要接收各種繁多訊息且工作繁忙一般人，要定靜下來閱讀這部大部頭著作委實不易。

有感於此，筆者與編輯討論後化繁為簡，將三部作（《御一新》只到廢藩置縣）濃縮成二十篇，每篇約三千五百字上下的內容，略去繁瑣的背景介紹，直接點出原因以及事件的概略以便於閱讀。值得一提的是每篇的最後一節皆是「之後的影響」，即該事件對之後（多為接下來的幾個月，少數事件才是之後數年或之後十數年）政局的影響。幕末時期由於為時短促，先前的事件與稍後的事件往往環環相扣，個別觀之不易看出因果關係，特闢這一節可助讀者看出箇中因果。

某些圖書將目前台灣的處境比喻成幕末日本，雖說不上完全一致但大抵可行。若讀者透過本書對幕末有個基本上的理解，並能思考出今後台灣的方向，則筆者不勝感激！

一本就懂日本幕末　目錄

兩次敕使東下

攘夷浪潮

將軍上洛

攘夷的挫敗

征討長州

以討幕為藩論

一本就懂日本幕末 目錄

江戶無血開城

戊辰戰爭結束

奠都東京

封建體制的瓦解

黑船事件

事・件・小・檔・案

時間：嘉永六年六月三日（西元一八五三年七月八日）

人物：美國東印度艦隊司令培理、日本阿部正弘老中首座

影響：《日美和親條約》（《神奈川條約》）

被稱為黑船的由來以及令人懼怕的原因

嘉永六年六月三日（公曆一八五三年七月八日），一個一如往常的夏季炎熱午後，四艘黑壓壓的船身突然出現在浦賀灣外的水平線上。並非當地漁民見慣的木造船隻，船身塗成黑色不說，而且還吐著黑煙，嚇得他們連忙上岸奔向走告：黑船來啦！

由於船身塗滿防鏽蝕的黑色瀝青，加上船身巨大煙囪吐出的黑煙，民眾將這種前所未見的船隻稱為黑船，此即改變幕府及之後日本命運的黑船事件。嚴格說來，四艘船艦中只有噸位最大的兩艘是黑船，另外兩艘是木製帆船。因為幕府的鎖國體制嚴禁各藩建造五百石（相當於三十多噸）以上的船隻，因此即便較小的木製帆船也比幕府允許建造的船隻上限大上十數倍，遑論船身更大的黑船，而且還吐出濃濃的黑煙，加深江戶民眾的恐懼。

培理造訪的目的

率領四艘黑船深入浦賀灣進逼江戶的是美國東印度艦隊司令兼海軍准將培理（Matthew Calbraith Perry），他以四艘黑船

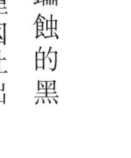

為後盾，拒絕浦賀副總督提出前往長崎的建言，限期幕府接受美國大總統的國書。

經過層層通報，黑船到來的消息傳至由四到六名老中組成的決策階層耳裡，長年的承平讓老中們認不清狀況的危急，當他們慢條斯理對接下國書與否陳述己見的同時，培理下令船艦駛進浦賀灣測量水深，以侵門踏戶的行動對幕府製造壓力。

因應培理的行為，阿部正弘老中首座採取行動，六月九日選在久里濱（神奈川縣橫須賀市）接下國書。當日培理的陣仗多出幕府，始終一語不發的他遞出國書後即行離去。培理呈上的除大總統的國書外，還有一封寫給幕府的親筆信函，內容提到他認為國書涉及諸多層面，不是短時間內可以做出決定，因此他先行離開待來年春率領更多黑船再訪，相信屆時定能得到令人滿意的答覆。

雖然信函內容帶著恫嚇的語氣，但總算讓培理及其率領的黑船暫時在江戶消失。阿部及其他老中還沒思考出因應明年培理再訪的對策，十二代將軍德川家慶在培理離去後不久辭世，整個幕

幕·末·小·知·識

為何叫「黑船」

當時日本當地漁民只見過木造船隻，而美國船身為黑色，巨大煙囪吐出黑煙，故被稱為黑船。

府上下為了將軍的後事又是一團亂。

之後幾個月阿部老中首座把將軍的後事交給底下的人辦理，自己親自處理培理留下的國書問題並解除禁止建造五百石以上船隻的禁令。國書的內容因透過多重翻譯（英文、荷蘭文、漢文、日文）顯得辭不達意，大抵上可以整理出美國有意與日本通商往來及日本應對航行通過的美國船隻提供薪炭、淡水等要求。

為解決來年培理的再訪，阿部老中首座決定公開美國大總統的國書，請益的對象不限於旗本（將軍的直屬家臣，有謁見將軍的資格）、御家人（將軍的直屬家臣，無謁見將軍的資格）等所謂的直參（也稱為幕臣），整個江戶時代被排除在決策圈之外的外樣大名也破例能對此暢所欲言。

由於是幕府成立二百餘年以來的第一次，光是存留至今的文件便有六十餘份，不難想像當時踴躍提出建言的情況。從回覆文件的內容來看，直參與大名的意見大抵不出接受、拒絕及折衷三種。雖然回覆踴躍，但因幕府採取鎖國體制，除薩摩藩主島津齊彬及少數幾位幕臣如勝海舟、江川英龍的意見較具建設性之外，多數大名及幕臣的見解過於異想天開，接受國書的建言開放國門應該是黑船威脅下唯一的可行之道。

完成日本開國的使命

培理離去後一個多月，俄國也派出海軍中將普提雅廷（Yevfimiy Vasilyevich Putyatin）率領四艘船艦來到日本，普提雅廷遵照幕府之命前往長崎，但是在長崎並沒有得到滿意的答覆，徒然在往返的答辯中浪費時間。普提雅廷的耐性被長崎奉行磨光之後於嘉永七年年初悻悻然離去，普提雅廷前腳剛離去，允諾來年回歸的培理率領九艘船艦（當中有三艘為黑船）再次出現在江戶灣外海。

自恃有九艘船艦為後盾，培理深入到比前次更靠近江戶的小柴沖（神奈川縣橫濱市金澤區），拒絕隨後到來的浦賀奉行的勸告，堅持以此地為談判地點以便對幕府帶來更大的脅迫感。幕方代表溫吞顢頇的性格使得談判初始毫無進展，失去耐性的培理再次施展恫嚇的話術：

如果貴國不能接受締結條約的要求，美日雙方或有兵戎相見的可能。美國在近海有五十多艘軍艦集結待命，加利福尼亞也有五十多艘軍艦整裝待發，只要二十日，日本外海便能聚集一百艘軍艦。

將恫嚇的話語說得極其自然的培理，再次蒙蔽住昧於世界局勢的幕方代表，此後的談判便在美方主導下迅速進行。嘉永七年三月三日（三月三十一日），雙方在現在的橫濱開港資料館（神奈川縣橫濱市中區）附近會晤，幕方代表大學頭林復齋等人與培理簽訂名為《日美和親條約》（或《神奈川條約》）的協定。

由於《神奈川條約》條約內文有開放下田、箱館二港，《神奈川條約》的簽訂無異於打破幕府維持二百多年的鎖國體制，成功完成使命的培理並未馬上離開日本，而是前往預定開港地下田進行探勘、測量，滯留下田期間遇上化名喬裝欲登上黑船離日去

幕·末·開·講

《日美和親條約》（《神奈川條約》）的內容

全文共十二條，主要內容如下：

一、開放下田、箱館（函館）二港。

二、美國船隻漂流到日本沿海給予協助，護送至下田、箱館，在這二地逗留時不可將其拘禁。

三、漂流期間需應其要求供應薪炭、淡水、食料及欠缺之物品。

四、幕府日後給予其他國家更有利條件時，美國有權要求均霑。

五、兩國政府簽字後十八個月，若任何一國認為有必要，美國官員可派駐下田。

美的吉田松陰師徒。

培理讚賞吉田松陰出於想探究美國何以強大的動機才有此異想天開之舉，但在現實環境裡，培理若因欣賞松陰的動機而貿然將他們帶離日本的話，只會招惹幕府的猜忌，進而影響好不容易才建立起來的日美親善關係，因此斷然拒絕松陰的提議。接著培理啟程前往另一開港預定地箱館，同樣也進行該港的探勘、測量。經過實際測量後培理發現箱館港的水深及其所處位置都是上上之選，可與位在西班牙南端的直布羅陀（Gibraltar）相比擬。

結束箱館的探勘、測量後，該年五月中旬培理再度返回下田，與林大學頭進行《日美和親條約》細則的談判，然後帶著完成使命的榮耀感離開日本。

之後的影響

培理離開日本後，六月與琉球王國簽訂內容比照《日美和親條約》的《琉美修好條約》。各國列強不甘美國獨佔日本的利益，紛紛施壓幕府與之簽訂類似的條約，於是幕府從八月起與英國、俄國、荷蘭簽訂內容幾乎相同的和親條約。

連同最早簽訂的《日美和親條約》在內，除了開放港口（下田、箱館）外並無侵害國家主權（如割地、賠款、治外法權、關稅協定）的條款，而且開放的港口只供船隻漂流到日本時船員和水手的安置地，而非用來進行貿易等商業的行為。嚴格說來《日美和親條約》並非不平等條約，也不是日後明治時代歷任外務卿（大臣）致力於條約改正的對象。

話雖如此，該約暗藏一魔鬼細節在條款之中：兩國政府簽字後十八個月，若任何一國認為有必要，美國官員可派駐下田。由於本條約沒有所謂的定本——簽約雙方在同一種語言版本上簽名。雖然本條約有英文、荷蘭文、漢文、日文四種版本，當雙方對條約內文有所爭議之時便依對己有利的語言版本各自解釋，條約沒有統一的解釋版本在幾年後讓幕府嘗到苦果。

修好通商條約的簽訂與將軍繼嗣問題

首任美國駐日公使哈里斯

藏有魔鬼細節的《日美和親條約》終於在安政三年（一八五六）七月廿一日讓幕府嘗到苦頭，此日美國派出哈里斯（Townsend Harris）在伊豆半島的下田登陸，下田奉行訝異哈里斯的到來而百般刁難。

幕府的刁難無法阻絕哈里斯上任的決心，他以下田玉泉寺作為駐日領事館，在該地升起美國國旗，是最早的駐日外國使節。

哈里斯此行肩負自由貿易與使節進駐江戶兩大目的而來，這也是培理與幕府簽訂的《日美和親條約》所欠缺的條款。鑒於下田奉行先前的為難，哈里斯決定跳過下田奉行，直接致書幕府欲前往江戶與幕閣們商談要事。

當時幕府正值十三代將軍家定婚事的前夕，老中們個個忙得不可開交，但從先前與培理及其他歐美使節交手的經驗得知對待這些使節絲毫怠慢不得，因此派出使者來到下田與下田奉行一同前往玉泉寺拜訪哈里斯。

日美修好通商條約草案內容

結果幕府派出的使者及下田奉行在玉泉寺先被哈里斯上了一

事・件・小・檔・案

時間：安政三年（一八五六年）至安政五年（一八五八年）

重要人物：美國使者哈里斯、日本堀田老中首座、孝明天皇

影響：《日美修好通商條約》

課，哈里斯透過通譯滔滔不絕的為他們講解十八世紀以來的歐美歷史，幾乎是他們前所未聞的內容。

德川幕府第十三代將軍家定

在新奇的內容和臨走前哈里斯的一番恫嚇下，使者們同意回到江戶後向老中們轉達哈里斯前往江戶的要求。

接下來幾個月幕府都在忙著將軍的婚事，安政四年八月，哈里斯與通譯獲准進入江戶，在幕府方面的安排下於蕃書調所拜會堀田正睦老中首座，十月廿一日哈里斯成為首位在江戶城謁見將軍的外國使節。

謁見將軍只是形式，對哈里斯實現自由貿易與使節進駐江戶並無實質助益，因此哈里斯繼續遊說堀田老中首座。當時第二次鴉片戰爭（或稱為英法聯軍）即將落幕，哈里斯逮住此一良機，以英國有可能挾戰勝清國餘威進犯日本，唯有美國採取和平主義，對亞洲各國並無領土野心。

若幕府能在英國進犯之前先行與美國簽訂修好通商條約，便可因此讓英國改變進攻日本的計畫，倘若英國仍堅持，美國也會視情況動用武力維護日本的領土安全。

資訊不對等使堀田老中首座誤信哈里斯願意為日本與英國作戰，感激之餘堀田老中首座決定派出下田奉行為全權代表，與哈里斯針對通商貿易展開談判。

從安政四年十二月起歷經約十五次的修正談判，終於在隔年一月達成共識完成《日美修好通商條約》。

相較於《日美和親條約》，《日美修好通商條約》已增開港口、領事裁判權、租界等不平等條約的條款，這才是束縛之後日本約半世紀的不平等條約，也是明治四年（一八七一）岩倉使節團繞行半個地球、周旋於英美等列強之間使出渾身解數要進行改正的條約。

未能得到敕許的《日美修好通商條約》

條約最後一款寫到該約將於來年（安政六年，一八五九）六月五日起生效，在完成條約到生效前尚須經過批准。在哈里斯的認知裡，條約的批准權屬於將軍，不過，才在兩、三個月前謁見過將軍的哈里斯認為將軍的心智恐怕無法完成批准，次於將軍有權批准條約的人在哈理斯看來應屬堀田老中首座，因此向他提出要求。

不願獨自承擔簽約責任的

幕·末·開·講

《日美修好通商條約》

共十四條，主要內容如下：

一、兩國各派代表常駐華盛頓、江戶。

二、除下田、箱館外，之後數年內陸續開放神奈川（橫濱）、長崎、新潟、兵庫（神戶）以及江戶、大坂。以開放的港口為中心，方圓一定的距離內作為美國人的活動範圍。

三、嚴禁輸入鴉片，美國商船若查出超過三斤予以沒收。

四、美國人對日本人犯罪時，由美國的領事裁判所負責審查。

五、美國人居住地範圍允許建造教堂。

六、《日美和親條約》及附約與本約有所衝突之部分一律廢除。

七、距今算起一百七十一個月後雙方政府可在一年前就條文修改意願做成文書，進行修改談判。

堀田老中首座對哈里斯說道在簽約之前須徵求天皇的同意，一旦天皇敕許便不會再有任何反對聲音。

來日已有兩、三年之久的哈里斯至此方知原來將軍並非日本地位最尊崇的人，在他之上還有位於京都的天皇，儘管天皇並無實權，但顯然他的威望及影響力在將軍之上。堀田老中首座向哈里斯保證，只要動用金錢讓他前往京都運作，便能收買公卿讓他們勸說天皇敕許條約。

連同哈里斯在內，當時所有外國使節都錯估天皇在日本人心目中的地位，因此才誤信堀田老中首座的保證，將條約簽字的期限延遲到安政五年三月五日。

堀田老中首座先是進入御所參內（謁見天皇，需有對應的位階及官職才行）獻上黃金後告退，然後邀請身為朝廷與幕府間的傳聲筒武家傳奏來到下榻的寺院，出示《日美修好通商條約》的草案，希望他們能帶上幕府奉獻的金錢幫忙說服朝廷公卿讓天皇敕許條約。

堀田老中首座對其收買公卿的策略樂觀看待，但他顯然過於樂觀。孝明天皇在堀田老中首座上京之前已透過關白向眾公卿轉達他厭惡外國人的心態及堅決反對條約敕許的意念。

由於天皇已表態，堀田老中首座的灑幣政策沒有得到預期效果，徒然在京都耗費時日，最終黯然神傷的返回京都，此時已是四月，哈里斯的條約簽字期限已過近一個月。

將軍繼嗣問題紛爭

當時幕府除條約敕許外，還存在另一重大問題：超過三十歲的十三代將軍家定未有繼承人，包含身為世子期間在內，家定其實歷經三段婚姻，三名正室都沒能生育，將軍身體的狀況也無法令人有所期待。因此從幕閣、大奧到諸藩藩主，為了各自屬意的繼承人選而拉幫結派。

由於家定無法生育，因此繼承人選只能從分家選出，當時的三家（尾張家、紀伊家、水戶家）三卿（田安家、一橋家、清水家）共六家分家中，適合的人選只有時年十三歲紀伊家的慶福與時年廿二歲一橋家的養子慶喜（生家為水戶家）。兩人各有擁護者：慶福的擁護者多為譜代大名和大奧，而支持慶喜的為幕閣和外樣大名，前者稱為南紀派，後者稱為一橋派。

兩派擁護者都有正當的支持理由，南紀派強調慶福的血緣與家定最為接近，想藉擁立慶福鞏固既得的地位；一橋派則以目前局勢險峻，不能只強調血緣，已成年的慶喜其資質倍受讚譽，是值此非常之時的最適合人選。

自黑船事件以來，長期不得參政的外樣大名總算有被徵詢的機會，他們當然希望得來不易的參政機會在之後的將軍能持續下去，支持慶喜的外樣大名如島津齊彬、山內豐信都與慶喜有深厚交情，出於慶喜繼任將軍後能繼續並擴大外樣大名參政機會的考量而支持他。

條約敕許失敗的堀田老中首座從京都返回時，發現幕府已在他滯留京都期間任命譜代筆頭彥根藩主井伊直弼為大老，大老雖非常設職，但權力凌駕在老中首座之上，任命大老意味將軍繼嗣問題不再由堀田老中首座主導。井伊大老上任後曾於五月初兩次謁見將軍試探其對繼嗣人選的看法，據之後井伊大老的說法家定都屬意慶福，當然這也可能只是井伊大老的片面說詞。

比起堀田老中首座的溫吞、優柔寡斷，井伊大老的手段顯然俐落許多，儘管未得天皇敕許，仍於六月十九日下令當初與哈里斯談判的代表在條約上簽字，並在簽字的同時罷免堀田老中首座與其他不聽命的老中，改安插自己的心腹。

幕·末·小·知·識

繼承人血緣

慶福為家定的親堂弟，兩人為初代將軍德川家康第十子賴宣一脈第八代，祖父同為第十一代將軍家齊。

慶喜為家康第十一子賴房一脈之第十代，是家定、慶福的堂孫輩。

由於井伊大老未得敕許便擅自與哈里斯簽字，消息傳到京都讓整個朝廷為之鼎沸，不僅如此，諸藩大名對此也頗有怨言，水戶藩老公（隱居的前任藩主）德川齊昭及現任藩主慶篤、尾張藩主德川慶恕與越前藩主松平慶永在非登城日登城詰問井伊大老。

安政五年六月廿五日，井伊大老急召諸藩大名登城，在將軍在場的情形下正式宣布以德川慶福為家定的繼承人。

之後的影響

井伊大老上任三個月，一舉解決條約簽字與將軍繼嗣兩個堀田老中首座無法解決的難題，顯見其獨排眾議的手段。然而，井伊大老並非透過說服和斡旋，而是倚恃大老具有的乾綱獨斷的權力強行通過。

論執行力，井伊大老的確勝過堀田老中首座，與之同時井伊大老強制獨斷的性格，也在這三個月裡表露無疑。日本歷史向來不喜權力過度集中於一人之手，井伊大老三個月迅速批准條約簽字及決定將軍繼嗣人選，無疑表現出集權於己身的態勢，當然會引起各方的反彈。

井伊大老之後幾個月又接連與荷蘭、俄羅斯、英國、法國簽訂內容大致相同的條約，連同先前與美國的條約，統稱《安政五國條約》，是整個明治時代日本竭盡心力要予以廢除的不平等條約。

《安政五國條約》雖然簽字，由於天皇長時間——直到慶應元年（一八六五）十月才敕許——始終不敕許，也導致無數尊皇志士為此喪命。在將軍繼嗣問題期間，曾與井伊大老屬意的人選不同的一橋派，以及曾為條約簽字不滿而擅自登城的德川齊昭等四人，在將軍繼嗣人選落幕後紛紛遭到井伊大老的追究清算。

安政大獄及其餘波 櫻田門外之變

事・件・小・檔・案

時間：安政五年（一八五八年）至安政七年（一八六〇年）

人物：井伊直弼、吉田松陰、西鄉吉之助（西鄉隆盛）

影響：幕府威望一瀉千里，暗殺政要方式為後人仿效

戊午密敕

前章井伊大老的作風不久傳到京都，當天皇得知大老未得敕許便逕自與哈里斯在《日美修好通商條約》上簽字，繼而又違背天皇先前頒布將軍繼嗣人選必須符合「年長、才器、人望」三要件，擅自在江戶城內對諸大名宣告擁立年僅十三歲的慶福為將軍繼承人時，天皇對井伊大老的獨斷感到憤慨，在之後的朝議甚至表達出讓位的意願。

天皇最終在朝廷眾公卿的勸阻下打消讓位之舉，然而，導致天皇萌生讓位之意的井伊大老，其獨斷專權的形象已深植人心。部分厭惡井伊大老的朝廷公卿，私下以天皇名義向御三家的尾張、水戶二家以及屬於親藩的越前藩下達敕書，由於這一年的干支為戊午，故稱「戊午密敕」。

「戊午密敕」透過武家傳奏傳遞給水戶藩京都留守居役（諸藩在京都的常駐人員），察覺茲事體大的京都留守居役片刻也不敢耽擱，急忙命人帶著敕書快馬趕往江戶藩邸。

朝廷下達密敕的消息很快被掌控情資的京都所司代傳達給井伊大老，盛怒的井伊大老決定向朝廷究責。自幕府成立以來制定的《禁中並公家諸法度》清楚規範天皇及朝廷的權限，朝廷越過幕府直接向御三家和親藩下達敕書的行為明顯違反該法度規定。井伊大老的究責除了針對朝廷下達密敕的行為外，亦有一併清算朝廷及一橋派成員在《日美修好通商條約》及將軍繼嗣問題時對幕府指手畫腳的用意。

安政大獄

井伊大老雖想立即緝捕與「戊午密敕」相關的朝廷、諸藩、藩士、平民等各階層人士，然而，十三代將軍家定在井伊大老宣布慶福為繼承人後不久病逝，接著而來的已故將軍後事及新任將軍（慶福，繼任後改名家茂）的襲封等工作讓井伊大老忙碌不已，等到派出心腹間部詮勝老中前往京都已是同年九月初以後。

間部老中上京目的並非回應「戊午密敕」的內容及與朝廷商議國事，而是奉井伊大老之命指揮京都所司代、京都町奉行、伏見奉行等幕府組織，悉數逮捕「戊午密敕」的相關人士。在派出大批與力、同心的搜捕下，在京的諸藩藩士與平民陸續被捕，逮捕的範圍甚至擴及到江戶，橋本左內、吉田松陰等人也無法倖免。

接著將矛頭對準大名與公卿，大名與公卿雖無被捕或下獄之虞，然而一旦被定罪，不是謹慎隱居，至少也是落飾（落髮）出家的下場。奉命掃蕩「戊午密敕」關係者的間部老中，同時還抱持著一併掃蕩一橋派諸大名的使命。薩摩藩主島津齊彬雖在家定病逝後不久也跟著去世而躲過被處分的命運，但水戶老公德川齊昭、水戶現任藩主德川慶篤、一橋家當主慶喜、尾張藩主德川慶恕、越前藩主松平慶永、土佐藩主山內豐信、宇和島藩主伊達宗城都沒能避免謹慎隱居的處分。

在「戊午密敕」上署名的公卿繼大名之後成為間部老中的追捕對象，近衛左大臣（忠熙）、鷹司右大臣（輔熙）、三條內大臣（實萬）以及皇族成員青蓮院宮（朝彥親王）俱處以謹慎隱居、落飾出家的處分，這兩次行動幾乎將一橋派主要成員一網打盡。

皇族、公卿、大名不是可以任意處刑的對象，因此流放遠島、下獄甚至斬首等嚴刑便集中在諸藩藩士以及平民身上，這場牽連將近百人的整肅事件被稱為「安政大獄」。

「安政大獄」主要目的為嚴懲接下「戊午密敕」的水戶藩，凡是與該密敕有關的人，上從藩主、老公，下至藩士、平民，無一不受到謹慎隱居或流放、下獄、死刑等處分，可說是受害最深的藩，這也種下日後水戶藩的

幕·末·開·講

倖免的西鄉吉之助（西鄉隆盛）

看似天衣無縫的「安政大獄」也有漏網之魚，代表已故薩摩藩主島津齊彬穿梭在公卿、大名之間的西鄉吉之助僥倖在這波整肅全身而退。西鄉是薩摩出身的下級武士，他的家世原本不可能接觸到公卿及其他大名，但在齊彬襲封後從下級武士中發掘其才能並委以重任，西鄉因而在京都政治圈累積一定的名望。前年家定與近衛左大臣養女敬子（出身島津家，本名篤子，即天璋院篤姬）的婚禮，便是在齊彬的授權下由西鄉包辦打理。

當京都陷入愁雲慘霧之時，已打算退出京都的西鄉，接受近衛左大臣的委託，帶著已被盯上的清水寺僧侶月照一同離開京都返回薩摩。西鄉雖在京都便已得知齊彬亡故的消息，回到薩摩後才知道藩的實權（齊彬的遺言是由異母弟久光之子茂久繼任，在茂久成年之前由久光監護）竟落在齊彬生父齊興之手。齊興父子感情不睦，掌權後一舉推翻齊彬生前的種種改革，並對齊彬一手提拔的西鄉表現出排斥之意。

得不到薩摩的庇護使西鄉萬念俱灰，與月照約好於該年十一月十五日在錦江灣跳海自盡，結果西鄉獲救，月照則溺水死去。獲救後的西鄉決定不再尋死，繼承齊彬和月照的遺志好好活下去。不過，幕府也探查到月照逃亡薩摩的消息，月照雖已死去，齊興卻不願收容協助月照逃亡的西鄉，更於該年年底強迫西鄉改名並將其流放到奄美大島，然後對幕府宣稱西鄉與月照俱已投海自盡。

雖然齊興的做法令人心寒，不過，從之後的歷史來看，此時流放西鄉或許才是正確的作法，因為唯有如此才能保住西鄉的性命。

反撲。

明治時代長州閥的核心是出自一所名為松下村塾的私塾，這些塾生受教於一位名為吉田松陰的教師，他的熱忱激發私塾塾生的愛國心，然而，他也在「安政大獄」遭到死罪的下場。吉田松陰其實與「戊午密敕」並無關聯，他因制訂暗殺間部老中的計劃以阻止他進京逮捕相關者而被判處死罪，斬首後的屍身遭到棄置。前來收屍的弟子如高杉晉作、伊藤俊輔（博文）看到松陰的慘狀大為憤慨，這股憤慨使松下村塾塾生、甚至整個長州藩匯聚成倒幕的力量。

櫻田門外之變

「安政大獄」在安政五年十月底之前已悉數逮捕，翌年二月起進入冗長的審判階段，審判直到該年十月底結束，做出如前文的判決。安政六年這年因為「安政大獄」的審判使得諸藩如坐針氈，只有受害最深的水戶藩正在密謀改變井伊大老獨斷的現況，換言之，亦即讓井伊大老離開大老的職務，其具體作法為暗殺。

「安政大獄」的受害者中有一位出身薩摩、因故脫藩卻在水戶被啟用的藩士，因為這層緣故，水戶在密謀時希望薩摩也能派人襄助。結果在齊興主政下的薩摩藩只來了一位名為有村治左衛門的藩士，於是有村與十七名水戶藩士一同計畫暗殺井伊大老。

為了不使母藩受到牽連，十八人皆選擇脫藩（拋棄藩籍成為浪人），以浪人身分執行暗殺計畫。他們詳細的勘查井伊大老登城的路線後決定選在井伊大老登城時進行暗殺行動，為了讓暗殺井伊大老的行動不至於淪為單純的暗殺，他們事先備妥羅列井伊大老種種罪狀的「斬奸狀」，在完成暗殺行動後在其他老中宅邸前遞上「斬奸狀」。

安政七年（一八六〇）三月三日，井伊大老乘坐的駕籠緩緩從彥根藩邸出發，駕籠前後跟隨六十餘名護衛的彥根藩士，這個數字是水戶方的三倍以上。雖已是三月天，當天卻下起罕見大雪，呼嘯的風雪聲造成隊列後面的藩士與前面有所阻絕，另外由於風雪之故，護衛的藩士包上好幾層的油布以免配刀沾濕，這些都對暗殺計畫造成有利的因素。

約早上八時，井伊大老的隊列出藩邸來到櫻田門外即將進入江戶城時，水戶浪士一名成員做出攔轎的動作，這一行動吸引住井伊大老隊列前面的護衛，其他浪士趁機拔刀攻擊井伊大老駕籠周遭的護衛。

由於配刀包上好幾層油布，使彥根藩士無法立

櫻田門外之變

即拔刀反擊，而水戶浪士則可直接攻擊井伊大老的駕籠。一名水戶浪士朝駕籠開槍，唯一的薩摩藩士歷經一番浴血作戰後將井伊大老從駕籠內拖出來，當場將其斬首。完成使命的其他浪士立即撤離現場，不過，幾乎所有浪士都在作戰時負傷，有的在離開時喪命，有的已無法移動遂選擇當場切腹，只有十一人離開現場（離開後亦有不少人傷重而逝）。這場發生在江戶城櫻田門外的暗殺大老事件被稱為「櫻田門外之變」。

之後的影響

井伊大老遭暗殺的直接原因在於「安政大獄」對水戶藩過於嚴苛的懲處，他一改阿部、堀田兩位前老中首座對朝廷的溫和作風，採取獨斷嚴厲的態度威壓朝廷及諸藩，以至於遭到被嚴苛對待的水戶浪士以暴制暴，驗證了「暴政必亡」之理。之後到幕府垮台為止，再也沒有老中首座採取近似井伊大老的作風，反而讓實力強大的諸藩——尤其是西南雄藩——看輕，幕府的威望從此一瀉千里。

水戶浪士在「櫻田門外之變」採取暗殺方式以及在暗殺後附上暗殺緣由的「斬奸狀」模式，為兩年後在京都盛行的「天誅」所仿效，其影響甚至延伸到明治初年大久保利通暗殺及昭和時代的暗殺行動，也都能見到「櫻田門外之變」的影子。暗殺是種卑劣的手段，卻是低成本、高成效的方式，或許正因如此，之後數年甚至數十年才會成為解決當下問題、獲取政治資源的最快、最具效率的方法。

幕・末・小・知・識

櫻田門外之變

時間：安政七年（一八六〇）三月三日早上八點。

地點：江戶城櫻田門外。

人數：水戶浪士十八人、井伊直弼護衛六十餘人。

結果：浪士刺殺成功，井伊直弼死亡。

和宮降嫁

事・件・小・檔・案

時間：文久元年（一八六一）至文久二年（一八六二）
人物：德川家茂將軍、和宮親子內親王
影響：公（朝廷）武（幕府）一合，家茂成為第一個與皇室成員成親的將軍，攘夷派不滿幕府染指皇室而進行暗殺。

政策的轉變

井伊大老在將軍腳下咫尺之地死於非命，雖說主因在於不管對朝廷或一橋派諸藩都過於嚴苛，但此舉對於幕府威望無異又是重重一擊。

井伊大老既已斃命，以當時的情況來看無法再推舉大老，那麼該任命誰為老中首座呢？後繼者是繼續維持現況呢？抑或放寬井伊大老的苛政呢？在在考驗著幕府的智慧。

幕府自成立以來便採取高壓手段對待朝廷，朝廷除更改年號外毫無實權，與幕府的往來只能透過幕府指定的武家傳奏而非敕使，幕府更在京都成立諸如京都所司代、京都町奉行、伏見奉行等監視朝廷舉動的機關。諸藩只要與朝廷有所聯繫便會受到幕府猜忌，以種種名目將其轉封或改易，在這種氛圍下，諸藩不得不減少甚至斷絕與朝廷的聯繫，朝廷幾乎處於孤立無援之境。

然而，到了幕末——尤其是櫻田門外之變後——局勢逐漸逆轉，由若年寄升任但以見識淵博聞名的安藤信睦被推舉為老中首座，為求政令暢行，初當大任的安藤除厚待其他老中同僚外，更找來被井伊大老免職的前老中久世廣周成立聯合政權。

安藤．久世聯合政權成立後的當務之急為改善與朝廷交惡的關係，甚至還要借重朝廷的聲勢恢復在諸藩間的威望。既要達到改善與朝廷的關係且又要藉由朝廷的聲勢提升幕府威望，幕閣們認為最佳良策為公武一合，讓公（朝廷）與武（幕府）藉由一合（合體）既可對抗列強，更可因對抗列強有成恢復幕府的威望。

第十四代將軍御台所

公武一合是最快能恢復幕府威望的良方，其具體作法為年輕的將軍家茂迎娶皇室的內親王（皇女）。

最初幕府中意的對象是孝明天皇的皇女，儘管與家茂年齡差距過大仍受到幕閣們的青睞，然而，隨著皇女夭折不得不將對象轉移至天皇的皇妹——與將軍同齡的和宮——身上。

當時和宮早已與另一皇族有栖川宮熾仁親王訂下婚約，只要和宮十六歲便可完成婚事，天皇在徵詢意見後向幕府如實轉達和宮不願遠嫁關東的回覆。然而，眼下和宮是幕府唯一的選項，為了將軍的婚姻，幕閣們聯名上表天皇，說道將軍與皇女的婚姻有助於安定人心，朝幕間的氛圍若能融洽，幕府也更能增強軍事上的實力，破約攘夷指日可待。

為了爭取天皇同意婚事，幕閣們不惜向厭惡洋人的天皇扯謊。天皇向當時最具謀略的公卿岩倉具視徵求意見，岩倉認為可以同意和宮降嫁為條件，換取幕府明文定出攘夷的時間表。

萬延元年（一八六〇）十月十八日，天皇正式敕許和宮與家茂的婚事，如此一來也意味和宮與有栖川宮原先訂下的婚約失去效力。在幕府的攘夷與銀彈攻勢下，天皇以及包含關白在內的多數公卿都同意和宮降嫁，他們甚至反過來向和宮的母親、舅父、乳母這些和宮最親近的人施壓，要求他們勸說和宮同意與將軍的婚事。和宮在朝廷的施壓及至親的勸說下，只得含淚同意解除與有栖川宮的婚約，同意遠嫁至關東。

儘管因為開港導致金銀匯率的波動使幕府蒙受其害，但為了振興幕府的聲望，幕閣們定調將此次的婚事辦得比安政三年（一八五六）更為奢華鋪張（指前將軍家定與篤姬）。

文久元年（一八六一）十月廿日，和宮親子內親王（同年四月內親王宣下，賜名親子）降嫁的隊列從御所內出發，沿途不僅有多位公卿、女官，還動員十二個藩的藩兵隨行保護隊列。為避免攘夷志士的騷擾捨棄寬敞的東海道改走多山路的中山道，一路上更有多達廿九個藩警戒，光是人力調派便超過三萬人。

和宮一行進入江戶城內安頓在御三卿之一清水家的宅邸，在來年二月大婚前為她的活動範圍。在歷經約三個月無法與準夫婿家茂見面後，文久二年二月十一日，家茂與和宮完成大婚，和宮成為第十四代將軍的御台所。

在家茂之前，七代將軍家繼原本已與靈元法皇（在位期間一六六三—一六八七）的皇女八十宮吉子內親王締結婚約，但因家繼夭折而作廢，因此家茂成為第一個與皇室成員成親

和宮與將軍大婚

幕·末·開·講

大奧的主人

在和宮嫁給將軍家茂前，大奧（幕府將軍後宮）的主人為十三代將軍家定的御台所篤姬（家定去世後篤姬落飾，戒名天璋院），家茂完婚後理應由和宮掌管大奧。

不過，出身皇室的和宮，不僅不嫻熟武家禮儀而無法掌管大奧，與大奧女中甚至連名義上的婆婆天璋院也難以共處，兩位御台所及其周遭女中所擦出的火花，不僅後人津津樂道且也成為戲劇的主題。

雖然和宮和天璋院因為出身背景及成長環境的差異，導致在相處上有所齟齬，不過和宮與夫君家茂感情相當和睦。

的將軍。

坂下門外之變

大致說來，因與夫君家茂感情和睦，和宮降嫁在之後幾年的確維繫了公武一合的目的，反而是誇口破約攘夷的幕府始終沒有履行約定。

然而，看似圓滿完成公武一合的同時，卻遭到諸藩藩士與攘夷派的反對。攘夷派固然主張攘夷，但深受國學與水戶學影響的他們更主張尊王，無法容忍身為臣下卻逾越人臣本分對朝廷多方干涉的幕府，如今幕府更進一步「染指」皇室成員。攘夷派再也無法容忍了，他們決定仿效前年的櫻田門外之變，以暗殺行動表達對公武一合的不滿。

文久二年一月十五日——距家茂與和宮大婚之日不到一個月——登城的安藤老中首座，進入江戶城西丸途中於坂下門外遭到六名刺客襲擊。自櫻田門外之變後，為防範類似事件再次發生，幕府加強登城幕閣的護衛人力，為此安藤老中首座的護衛人數達到五十餘名，幾乎等同於前年遭難的井伊大老。

然而，如此龐大的陣仗竟為區區六名刺客突破，更令幕府難堪的是，櫻田門外之變的發生地外櫻田門介於外壕進入城內，尚屬江戶城外；而此次發生地坂下門是連接紅葉山與西丸下之間，已屬江戶城內，攘夷派對幕府的侵門踏戶莫此為甚！

由於六名刺客中的四名武士皆已脫藩，且都當場斃命，即便安藤老中首座想追究責任也無從究責，眼見將軍的婚事迫在眉睫，只能暫時擱置下來。安藤老中首座此舉招致其他老中的責難，反而於四月十一日遭罷免，更於同年八月的幕政改革受到隱居謹慎的處分。

之後的影響

「坂下門外之變」後，幕府不但沒有處置多數刺客出身的水戶藩，反而罷免受害者安藤老中首座，等於在無形中鼓動攘夷派的聲勢。

不過，攘夷派在文久二年幾乎席捲全國的真正原因在於同年四月薩摩藩國父島津久光的上洛。當時盛傳島津久光率領藩兵上洛是要供天皇差遣，為了掃除薩摩上洛的障礙，於是京都開始出現以暗殺主張開國開港者和甘為充當幕府密探的「天誅」行為，京都開始籠罩在恐怖的暗殺氛圍中。

之後「天誅」的對象擴大到不認同攘夷或是主張與攘夷悖離的人，於是公武一合的倡言者以及曾出言建議天皇接受以和宮降嫁為條件換取幕府明文定出攘夷時間表的岩倉具視也成為天誅的對象。要幕府攘夷並無過錯，但是令攘夷志士無法容忍的是以和宮降嫁作為條件，當初與岩倉贊同和宮降嫁的幾位公卿、女官遂被冠上「四奸二嬪」的賊名。

與之同時還有攘夷派公卿在朝廷運作，結果在同年八月「四奸二嬪」遭到朝廷辭官落飾（落髮出家）的處分。

以文久二年「坂下門外之變」為界，攘夷派維持超過一年以上的巔峰，在這段期間不管是天皇、非攘夷勢力的其他公卿、幕府以及如薩摩、會津等諸藩皆不敵攘夷派。

兩次敕使東下

事・件・小・檔・案

事件：第一次敕使東下，由島津久光護衛上洛
時間：文久二年四月
人物：薩摩藩國父島津久光
結果：成功實現對幕府的改革

薩摩國父島津久光上洛

前節最後提到文久二年四月薩摩藩國父島津久光上洛，島津久光的上洛與實現亡兄齊彬改革幕政的遺志有關。齊彬在井伊大老下令京都所司代、京都町奉行大肆逮捕「戊午密敕」相關者的同時，已有率領藩兵上洛的行動，只是齊彬在上洛前閱兵時突然倒下，數日後與世長辭。齊彬臨終前指定異母弟久光之子忠義（茂久）為繼承人，在忠義成年前由久光代行藩主之職。

久光費時數年鞏固在藩內的地位，自始至終都不是薩摩藩主（身分為藩主之父，故稱「國父」）的他，卻享有比藩主（忠義）更大的權力，而且還不用履行藩主的義務（指前往江戶參勤交代），是以久光有充裕的時間籌畫率領藩兵上洛之事。

為了上洛，久光特地赦免流放奄美大島三年多的西鄉吉之助，寄望他能在自己上洛過程中貢獻心力。西鄉認為久光不具備齊彬的威望，上洛徒然自討無趣，然而，久光並不因為西鄉的建言而改變計畫。久光即將率領藩兵上洛的消息不久傳到京都、大坂等上方地區，攘夷派一

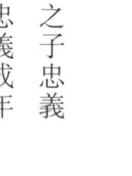

廂情願認為久光率領藩兵效忠朝廷成為討幕主力，為此他們志願擔任清除久光上洛障礙的工作，所謂「清除久光上洛障礙」即是當時令在京人士聞之色變的「天誅」。

文久二年三月初，先行前往下關待命的西鄉看到眾多浪士行色匆匆朝京都而去。他已看穿久光此次上洛無意攘夷，深恐這些浪士反而成為朝幕關係的破壞者而遭久光討伐，一念及此，西鄉決定不等久光到來而擅自前往京都。

在下關不見西鄉的久光按捺內心怒意繼續前進，四月初進入京都立即拜會多名公卿，並在拜會中提出多項幕政改革建言。這些建言涉及赦免安政大獄的受害者、朝廷與幕府的人事任命，而無一語提及攘夷，可見久光此行上洛並非為攘夷而來。另外，久光收到天皇下達的敕令要求他討伐嚴重危害京都治安的攘夷浪士。久光對於脱藩攘夷浪士不予追究，任由其離去，但對於藩內的攘夷派則下令討伐，此即「寺田屋事件」，並再次流放不聽己命擅自離開下關的西鄉到德之島（之後再遷移到距現沖繩本島約六十公里的沖永良部島）。

島津久光

敕使東下

四月下旬起，幕府和朝廷相繼解除安政大獄受處分的大名和公卿。五月，朝議決定派出敕使並由久光護衛前往江戶督促幕府進行改革，改革的內容除前述赦免安政大獄受處分的大名外，還有懲處安政大獄的加害者（多為前幕閣或譜代大名）、放寬參勤交代的規定以及增設政事總裁職、將軍後見職以及京都守護職

幕・末・開・講

放寬參勤交代的規定

參勤交代是幕府控制諸藩——尤其是石高數十萬石的外樣大名——最有效的利器，每年定期往返於江戶和領地既可有效消耗大名財力，使藩沒有盈餘和心思於發展武力降低對幕府構成的威脅，大名的正室和長子做為人質長年滯留江戶也讓對幕府心懷不軌的藩有所顧忌。

幕府此時放寬參勤交代的規定主要是希望諸藩能將省下來的花費用在黑船的採購上，以便在列強入侵時能有所發揮。只是幕府沒有可控制的人質後，諸藩——特別是西南雄藩——肆無忌憚地擴張實力，反而成為尾大不掉的威脅。

等三個新職務。

這三項主要改革內容都在文久二年結束前實現，久光的上洛和護衛敕使前來江戶的目的可說已經實現。八月，志得意滿的久光連同敕使和數百名藩兵循來時的東海道返回京都向天皇覆命。

三項主要改革內容中，以放寬參勤交代的規定以及新設三職務對之後數年局勢影響尤大。

政事總裁職由安政大獄受到隱居處分的老公松平春嶽（慶永的號）出任，儘管名稱有所不同，這一職務相當於先前的大老。將軍後見職由同樣在安政大獄受到隱居處分的一橋家當主慶喜出任，是將軍在京都長駐的代理人。京都守護職由親藩中的會津藩主松平容保出任，這一職務統領京都所司代、京都町奉行、伏見奉行所以及大坂城代，是幕府在京都、大坂等地的最高負責人。

政事總裁職、將軍後見職及京都守護職這三個新設職務是之後數年幕府在京都主要的勢力，而出任後兩者的一橋慶喜、松平容保，先後與公武一合派及對立的倒幕派有著精彩的對決。

土佐藩主山內豐範上洛

久光率領藩兵護衛敕使一離

開京都，曾經對久光寄以厚望卻失望收場的攘夷派重新聚集京都。土佐的攘夷派領袖武市半平太成功勸說年輕藩主山內豐範率領藩兵上洛，因久光無意攘夷而一時失意的攘夷派，又因土佐藩主的上洛而重新振作。

武市半平太在文久元年與薩摩、長州、水戶等藩的攘夷派約定，說服各自的藩主以舉藩攘夷作為藩論，將自藩藩兵獻給朝廷作為攘夷的武力。雖然薩摩藩的攘夷派在該年四月「寺田屋事件」遭到掃蕩、水戶藩因為藩內派系對立而舉棋不定，但是長州在推翻藩士長井雅樂提出的《航海遠略策》後，不到一年的時間已舉藩一致以攘夷作為藩論。武市不甘落於長州之後，他不斷上書藩廳，進言要以攘夷為藩論。然而，把持藩政的參政吉田東洋屢次無視武市的進言，心急焦慮的武市不得不採取暗殺的手段除去他在推動舉藩攘夷路上最大且也是最後的阻礙者吉田東洋。

文久二年四月八日夜裡，武市挑選的三名非土佐勤王黨成員成功行刺吉田東洋，東洋栽培的後進後藤象二郎、乾退助（板垣退助）等人失去依靠而失勢。剩下的上士無力控制局面，於是邀請下士中頗具盛名的武市半平太一同主持藩政。雖說是一同主持藩政，但這些憑藉家世而尸位素餐的紈褲上士並無處理藩政的能耐，最終淪為由半平太獨自處理藩政。

半平太先是運作朝廷內的攘夷派公卿（如三條實美、姉小路公知），為土佐藩的上洛製造條件和輿論，再以淵博的知識、滔滔不絕的辯才說服年輕藩主山內豐範率領藩兵上洛。

島津久光剛於文久二年五月廿二日從京都出發前往江戶，六月廿八日，受半平太鼓動的山內豐範也率領四百多名藩兵上洛。豐範因故在大坂土佐藩邸滯留一個多月後才於八月廿六日進京。

另一次敕使東下

前一次敕使東下以促進幕府內部改革為主要議題，並無隻字片語涉及攘夷；此次敕使再度東下，攘夷派無論如何也要讓幕府點頭同意攘夷。不過，話雖如此，在敕使的人選及前往江戶的目的等細項上仍大費周折，加上公卿辦事毫無效率可言，直到十月中才選定以三條實美為正使、姉小路公知為副使，並由山內豐範率領土佐藩兵從京都出發前往江戶。

事・件・小・知・識

事件：第二次敕使東下，由山內豐範護衛上洛
時間：文久二年八月到十二月
人物：土佐藩主山內豐範
結果：成功要求將軍來年必須上洛及具體的攘夷策略

十一月廿七日，兩名敕使來到江戶城白書院向將軍傳遞天皇的敕書，將軍家茂率領將軍後見職一橋慶喜、政事總裁職松平春嶽以及幕府核心成員在白書院玄關處迎接敕使到來。

光是這盛大迎接敕使的場面在江戶時代可說是絕無僅有，然而，兩位敕使有意藉由此次敕使東下一挫幕府的銳氣，遂以傳達敕書的名義破例讓家茂接旨（以往多由老中代為接旨），將軍為了接下敕書，必須從原本所在的白書院大廣間退到中段，此舉在旁人看來形同向朝廷低頭。

自開國以來，歷經未得敕許擅自簽訂《安政五國條約》、櫻田門外之變、坂下門外之變，幕府的威望每況愈下，家茂迫於形勢不得不接下天皇的敕書，既已接下敕書，便不得不接受敕書中關於將軍來年春天上洛以及具體的攘夷策略等內容。眼見此次敕使東下的目的已經達成，敕使轉達天皇對降嫁的和宮的關心後於十二月七日帶著完成使命的滿足感離開江戶。

之後的影響

文久二年五月第一次派出敕使帶著督促幕府改革的目的東下，長久以來束縛諸藩大名並且削弱諸藩經濟實力甚鉅的參勤交代制度終於得到放寬，大名的正室及長子也拜此改革之賜得以返

回領國。西南外樣雄藩如薩摩、長州、土佐、佐賀，抓住此一難得良機發展壯大。

此次幕府改革增設政事總裁職、將軍後見職、京都守護職三個新職務，排除向來主導幕政的譜代大名，分別由越前前藩主松平春嶽、一橋家當主一橋慶喜、會津藩主松平容保出任。

這三人皆出身與將軍有血緣關係的親藩，當中的將軍後見職和京都守護職在元治元年（一八六四）與京都所司代桑名藩主松平定敬（容保之弟）組成《一會桑政權》，成為倒幕派不除不快的大敵，戊辰戰爭期間三人先後淪為朝敵。

十月第二次派出敕使要求將軍於來年（文久三年）春天必須上洛，這是自三代將軍家光於寬永十一年（一六三四）以來相隔近二百三十年再次有將軍上洛，將軍的維安自是重中之重，因此幕府招募浪人成立壬生浪士組（新選組的前身）以維護將軍上洛期間京都的治安。

新選組聽命於新成立的京都守護職，由於身負維持京都治安之責，因此與數次謀劃在京都鬧事的攘夷派有著激烈的戰鬥。也因為攘夷志士死傷過於慘重，進入明治時代新選組成為倒幕派成立的新政府嚴厲緝捕的對象。

這些過往的史實到了現代成為戲劇、動漫、小說、遊戲創作的題材，改編風潮至今仍持續中。

攘夷浪潮

事・件・小・檔・案

時間：約安政末期到文久年間，一八五九年至一八六三年

人物：外國人、與外國人往來者、攘夷派

影響：天誅事件、暗殺行為持續上演，浪士組（新選組）成立

砍傷外國人事件

自安政五年七到九月間幕府相繼與美、荷、俄、英、法等國簽訂所謂的《安政五國條約》，外國人受惠於該約條款的保障，在橫濱、箱館、長崎等地享有居住、旅遊、建造教堂、治外法權等種種不受幕府及居住地當地官員管轄的權利。

這些居住在日本境內的外國人多半是使節及領事館人員、外商在日本分行的主管及職員或是傳教士，在他們母國多半已有一定程度的社會地位，來到相對落後的日本，仗著治法特權等種種特權的保護，普遍帶有視日本人為被殖民者偏見的種族歧視者。

開港後列強的資金引進到日本國內，導致鎖國體制下的經濟受到破壞，直接反映在物價的喧騰上，除少數富商及投機分子外，士、農、工、商無一不是開港後外力衝擊的受害者。

日本境內外國人的歧視與物價的喧騰導致日本人對外國人除了怨懟外，更多是仇恨，加上江戶時代中期以來尊王攘夷說和水戶學的散布及發酵，使多數日本人對這些外國使節、公司主管職員或傳教士也採取不友善的態

休斯肯遇刺

度，無不希望外國人能退出日本國土，恢復到開國、開港前的鎖國狀態。

要外國人退出日本這種想法走上極端，便演變為要將日本境內的外國人斬盡殺絕，於是砍傷外國人事件時有所聞，最早喪命日本的外國人是美國駐日領事館通譯休斯肯（Henry Conrad Joannes Heusken），萬延元年（一八六〇）十二月四日從普魯士使節館返回途中遭到薩摩藩的攘夷派暗殺，翌日傷重病逝。

之後成為攘夷大本營的長州，對於與攘夷相關事件（包括砍傷外國人與下一段的主題「天誅」）自然不會缺席，文久二年（一八六二）十二月，長州藩士高杉晉作率領藩內年輕一輩的攘夷派縱火燒毀位於品川的御殿山（東京都品川區北品川町）英國公使館。

英國公使館原本位於高輪的東禪寺（東京都港區高輪），於文久元年五月與翌年五月分別受到水戶藩與信州松本藩攘夷派的襲擊，導致數名領事人員傷亡。不堪其擾的英國駐日代理公使尼爾將領事館遷往外國人聚集地橫濱，以免被攘夷派襲擊的類似事件再度發生，包含尼爾在內的領事人員再由軍艦護衛前往江戶洽公。

不過，長期以軍艦護衛領事人員往返於江戶、橫濱二地太不符經濟效益，因此尼爾代理公使與幕府交涉，改以高輪台地南端的御殿山作為新公使館預定地以免去軍艦頻繁的往返。結果，在文久二年十二月新的英國公使館即將落成前夕被高杉，率眾一把火將其付之一炬。

幕・末・開・講

生麥事件

說到文久年間最有名的砍傷外國人事件當屬發生於文久二年八月廿一日的生麥事件。完成護衛敕使前往江戶督促幕政改革使命的島津久光，率領薩摩藩兵返回京都途中於生麥村（神奈川縣橫濱市鶴見區生麥）遇上騎馬亂入大名行列的四名英國人。由於亂入大名行列對武家而言乃不敬之舉（與亂入者是否為外國人無關），立即被久光身旁的護衛拔刀砍殺，四人中有一人當下成為刀下亡魂，另二人負傷逃走，僅有一人（女性）毫髮無傷。

若說生麥事件有何成果也僅止於殺死一名英國商人、兩名負傷逃走，但在攘夷派眼中被形容為「英氣凜凜生麥役，海邊十里月光寒」，久光猶如打了勝仗的凱旋將軍。身為當時世界武力最強大的大英帝國，豈會任由其子民橫死於異域？不到一年大英帝國便派出艦隊朝九州南部薩摩藩的據點而來，此即薩英戰爭。

攘夷浪潮的極致

攘夷派不僅砍殺居住在日本境內的外國人，相同的手段也用在本國人身上，對待後者習慣上稱為「天誅」，意為執行上天旨意誅除圖謀對日本不利的賊人。最初天誅的對象限於協助幕府逮捕「安政大獄」受害者的公卿家來或一般庶民，幾次得手後，擴大到與外國人往來的對象（商人買辦或會說外國語言的人）、朝廷中支持公武一合的公卿、幕府中力主開國開港論者，甚至連研究外國學問的蘭學者也在天誅的範圍。

文久二年七月廿日夜裡出現最早的天誅，被害者是前關白九條尚忠家來島田左近。他在安政大獄期間充當幕府在京都的眼線，不少武士、庶民因為他的密報被捕遇害，只要同情安政大獄者，無不痛恨島田左近。當他的首級梟首在四條河原旁，首級旁還附上天誅緣由的「斬奸狀」，京都民眾無不拍手叫好。

原本被攘夷派視為攘夷希望的島津久光，上洛後無意推動攘夷，反而下令鎮壓盤據在寺田屋的藩內攘夷勢力，對久光失望的攘夷派遂一哄而散。

五月下旬島津久光率領當初上洛的藩兵護衛敕使離開京都、東下江戶後，散去的攘夷派又聚集京都，島田的天誅正好發生在久光離開京都後、攘夷派捲土重來並坐穩京都的期間。

由於京都充斥攘夷派，加上島田左近本身聲名狼藉，他的死訊一傳出，幾乎無人咎責下手者，等同變相鼓勵類似天誅事件的再發生。

接下來幾個月天誅事件層出不窮，先前力主和宮降嫁的公卿岩倉具視嚇得主動辭官到洛外岩

幕·末·小·知·識

天誅的流程

天誅的流程是在島田遺體的現場定型：將屍體的一部分（未必是首級，但首級是最能表明身分的大體）置於公開場合，在公開的屍體附近附上敘述被害者姓名、罪狀及天誅理由的「斬奸狀」。

倉村隱居。好不容易到了（文久二年）年底終於有所沉寂，隨著來年將軍上洛日期的迫近，再掀起一波天誅高峰。

當時岩倉雖已辭官，但朝廷中仍有主張公武一合的殘餘勢力，與岩倉並稱「四奸二嬪」的公卿千種有文，其家來賀川肇遭到天誅後，首級被丟進比將軍先行於文久三年一月上洛的將軍後見職一橋慶喜下榻的佛寺裡，警告意味相當濃厚。

進入二月，發生一起震驚京都的天誅事件，不過雖說是天誅卻沒有受害者，因為這次天誅的對象是置於洛北等持院（京都市北區等持院北町）足利尊氏・義詮・義滿三代將軍的木像。雖然對象是木像，但因附上斬奸狀故而視為天誅事件；將足利將軍木像斬首，頗有指桑罵槐之意。

新成立甫上任的京都守護職松平容保下令緝捕毀損足利三代將軍木像的「兇手」，結果逮捕了十餘人，盡是豪商、農民、脫藩浪士、醫者或神官，反而沒幾人是真正的武士。

天誅熱潮隨著隨著文久三年八一八政變，攘夷派為主張公武一合的朝廷、幕府與諸藩聯合起來，將其逐出京都後才逐漸平息下來。（詳見後篇〈攘夷的挫敗〉）

之後的影響

攘夷盛行期間（約安政末期到文久年間，一八五九年至一八六三年），由於仇視打開日本國門的列強，無力擊敗列強的攘夷派只能以砍殺居住在日本境內的外國人來發洩內心的不滿。

攘夷派視外國人如讎寇，見人就殺，每次殺死或砍傷外國人都招致列強的抗議，最後大多算在幕府頭上，由幕府賠款了事（也有由列強直接找上肇事的薩摩、長州開啟戰端）。

文久三年八一八政變雖然暫時遏止攘夷派的過激行為，並將其逐出京都，但殺死或砍傷外國人的行為並未就此根絕，慶應四年一、二月間接連發生的「神戶事件」、「堺事件」、「巴夏禮襲擊未遂事件」雖無斬奸狀，但與攘夷派的天誅並無二致。

王政復古後，成立以薩、長、土、肥等倒幕派勢力為核心的太政官，攘夷行為不僅依舊存在，還因為太政官推動殖產興業、文明開化等西化措施而加劇，明治廿四年（一八九一）大津事件、明治廿八年李鴻章狙擊事件可視為幕末攘夷的延續，使日本與周遭國家的局勢一度緊繃。

天誅雖在八一八政變後與攘夷派一同從京都消失，但之後幾年仍有佐久間象山暗殺事件，進入明治時代也還有橫井小楠、大村益次郎等暗殺事件（廣澤真臣暗殺事件動機不明，暫且排除在天誅性質之外）。而附上斬奸狀的暗殺行為在改朝換代後持續上演（如明治十一年大久保利通暗殺事件），直至昭和初期的昭和維新，對近代日本政治史的影響不可謂不大。

在文久二、三年之交，天誅事件此起彼落，為了來年將軍上洛的人身安全起見，幕府於江戶徵募浪士，篩選後派他們先行前往京都作為將軍上洛期間的護衛。到了京都後，形同浪士領袖的人卻說出他們真正的目的並非護衛將軍，而是要攘夷，約二百名浪士除了二十餘名留在京都外，其餘原封不動被帶回江戶。

留在京都的二十餘名浪士受京都守護職指揮、支配，賜名浪士組，經過一番權力鬥爭後由試衛館一派的近藤勇、土方歲三、山南敬助、沖田總司等人取得浪士組實權，由於他們以壬生寺（京都市中京區梛宮町）附近的八木邸為屯所，故又稱為「壬生浪士」，此即日後有名的新選組前身。

從成立的那一刻起，浪士組（包括壬生浪士、新選組）便註定會與攘夷派結下樑子，兩者的恩怨成為後人創作上源源不絕的題材。

將軍上洛

事・件・小・檔・案

時間：文久三年（一八六三）二月十三日至六月十六日

人物：將軍德川家茂、孝明天皇、一橋慶喜

影響：攘夷派過度操作攘夷議題，導致後來驅逐攘夷派發生

公武一合派要員上洛

依前章所言，島津久光護衛敕使前往江戶與幕府老中們達成的幕政改革內容，將軍須於文久三年春上洛。將軍當然不可能單獨一人上洛，隨行人員以及陣仗都有一定規模，當久光護衛敕使返回京都，幕府旋即動員起來。

該年幕政改革規定廢除參勤交代，部分外樣大名如鳥取藩、福岡藩、久留米藩、宇和島藩、德島藩（均位於京都以西且至少是十萬石以上的大藩）從文久二年十月起陸續向京都移動。

到了十二月，先有被任命為京都守護職的松平容保動身啟程述職，稍晚，將軍後見職一橋慶喜啟程上洛；進入文久三年，政事總裁職松平春嶽與土佐藩老公山內容堂也跟進上洛。

江戶開府以來忌諱諸藩與朝廷聯繫，不僅諸藩參勤交代，甚至連久久一次的朝鮮通信使，其行走路線都必須避開御所。也因為如此，京都內外沒有可供大名或家老參勤交代投宿的本陣及下級武士投宿的脇本陣，只在木津川與宇治川匯合處的伏見有供搭乘四十石船往來民眾休息的船宿。

在京都擁有藩邸的大名（如前段提及的外樣）住進很少在此地過夜的藩邸，在京都沒有藩邸的藩便徵召京都眾多寺院神社作為下榻地，如京都守護職松平容保下榻在黑谷金戒光明寺（京都市左京區黑谷町），該地同時也是京都守護職所在地；晚容保約一個月上洛的一橋慶喜則下榻在真宗大谷派大本山東本願寺（京都市下京區常葉町）。

文久二年十月起京都一下子湧入眾多大名及諸藩藩士，來年春更會有許久未曾造訪的將軍到來，京都瞬間成為全國目光的焦點，當然也包含對幕府不滿的攘夷派。

將軍上洛

文久三年二月十三日，成為將軍後的家茂首度離開江戶城，目的地是距此四百多公里外的京都。自三代將軍家光於寬永十一（一六三四）年七月率領諸藩大名共三十萬大軍上洛以來，相隔二百二十九年、中間的十位將軍（從四代家綱到十三代家定）都未曾再有上洛之舉。

別說上洛，除旁系入嗣的五代將軍綱吉、六代將軍家宣、八代將軍吉宗、十一代將軍家齊外，其他將軍甚至連活動範圍也很少超出江戶城，在在顯示出將軍上洛的稀有與珍貴。

值此幕末之際，將軍上洛不可能再現家光時期的三十萬大軍，但此次將軍上洛的移動距離與投宿規模比照家光故仍有一定的排場。另外，此次上洛的開銷雖比家光省去不少，不過，開銷少的主因是上洛隨從只有家光時期的百分之一（三千人），基本的開銷再加上因開國開港造成的通貨膨脹對幕府仍構成極大的財政負擔。

這種開銷在家茂上洛前已由幕閣們推算出來，因此他們建議將軍搭乘由軍艦奉行勝海舟駕駛順動丸（排水量四百噸的鐵骨木皮蒸氣船）循海路上洛以節省時間（海路大約三至七日可到，陸路大約近二十日）和約七十萬兩的花費。

然而，將軍循海路上洛的構

想卻遭到大奧的反對，大奧雖是女性構成，但當中有家定生母本壽院、家茂生母實成院、家定正室天璋院（家茂養母）以及家茂正室和宮，這四位女性的地位能左右幕閣們的決定。在她們的堅持下，家茂只得打消循海路上洛的構想，捨搭乘船艦就傳統的陸路上洛。

雖然和家光上洛的路徑幾乎一致，不同的是過了大津後陸續出現朝廷使者迎接家光的隊列；相較之下，直到進入三條大橋，才有在京大名列隊迎接家茂，而朝廷則冷冷清清未派出任何慰勞的使者。雖然遇上朝廷不友善的行為，家茂一行終究在文久三年三月四日進京。

賀茂行幸及八幡行幸

進京休息數日後，家茂在政事總裁職與將軍後見職的陪同下兩度參內。將軍此次上洛的主要目的便是向朝廷傳達攘夷的意願及日期，為此天皇不惜走出二百三十七年未曾踏出的御所，行幸賀茂神社（也稱為賀茂社，包括賀茂別雷神社及賀茂御祖神社，是平安遷都以來鎮護皇城的神社。前者又稱上賀茂神社，位於京都市北區上賀茂本山；後者又稱下鴨神社，位於京都市左京區下鴨泉川町）祈求攘夷順利。

將軍特地在三月十一日一早

幕府大將軍德川家茂上洛

從二條城出發，進入御所等待天皇，然後兩人一前一後前往參拜賀茂神社，公卿與在京大名跟隨在後，形成一條長長的隊列。天皇與將軍同框參拜賀茂神社，是江戶時代二百多年來未曾有過的情景，吸引京都民眾團團圍住賀茂神社的周圍。

由於家茂的御台所和宮是孝明天皇之妹，因為這層關係兩人顯得頗為親近，但攘夷派並不願見到公、武過於親近，攘夷派勞師動眾讓將軍上洛，目的是要迫使將軍親口說出攘夷期限，絕非樂見公、武間長久以來的裂痕在一樁政治婚姻下彌補起來。眼見賀茂行幸達不到將軍誓言攘夷的承諾，攘夷派繼續策畫天皇下一次行幸，目的地較賀茂社更為遙遠，是在御所西南方十餘公里外的石清水八幡宮（京都府八幡市）。

石清水八幡宮的主祭神八幡大神（也稱八幡大菩薩）本身既是天皇（應神天皇），也被武家視為守護神，作為公武一合的場所是最適合不過，攘夷派或許正是基於這層淵源才選擇石清水八幡宮作為天皇授予將軍攘夷節刀之地。

攘夷派的意圖被老中們識破，在當時的政局中只有幕府較能看清國際局勢，知道攘夷不可能會成功，無論如何也要避免讓將軍親口說出具體攘夷的期限。是以在老中們的建議下家茂以臨時罹患感冒為由缺席，四月十一日的八幡行幸臨時推派將軍後見職一橋慶喜出席。

對攘夷派而言，一橋慶喜不僅是將軍後見職，更是幕府僅次於將軍的第二號人物，若能從他口中得到攘夷的承諾無異於將軍本人的承諾。但對臨時被推上前線的一橋慶喜而言，八幡行幸是吃力不討好的行程，面對攘夷派逼問攘夷的期限，若有閃失恐怕當場血濺八幡宮，到了石清水八幡宮所在的男山山腳下，慶喜便以腹痛為由在當地寺院靜養，避開那令他尷尬的場合。

之後的影響

文久二年第二次敕使東下最

大成果是説動幕府同意將軍於翌年上洛，既然將軍已經上洛，讓將軍在天皇面前親口承諾攘夷自是攘夷派的目的。為達此目的，攘夷派不惜弄出賀茂行幸和八幡行幸兩齣大戲，然而，如此勞師動眾卻沒能得到將軍的金口承諾。不死心的攘夷派以種種理由留住將軍，私下繼續運作比前兩次規模更大的行幸。

於是原本預定上洛只待一、兩個月的將軍，到了五月還被困在京都，每日無所事事。攘夷派同樣對將軍後見職一橋慶喜也不放過，對他的施壓程度不亞於將軍。慶喜的抗壓性較差，面對攘夷派的施壓脱口説出五月十日為攘夷期限，以慶喜將軍後見職的身分説出的話，當然會讓攘夷派信以為真。既已得到將軍代理人的承諾，等同達成此次讓將軍上洛的目的，自無再留住將軍的必要，將軍終於能全身而退，於文久三年六月十六日回到江戶（回程搭乘軍艦，故比去程快上許多）。

將軍上洛雖然結束（之後幾年將軍再上洛兩次，且滯留時間一次比一次久），但此次讓朝廷、幕府及在京諸藩見識到攘夷派過度操作攘夷的議題，其結果徒然增添上述三者對攘夷派的厭惡。

攘夷派的變本加厲，終於讓天皇忍無可忍，八月由朝廷內非攘夷派公卿穿針引線，聯合幕府及在京諸藩發動驅逐攘夷派（也包括若干攘夷派公卿）的政變，此即文久三年八一八政變。此一政變盡除朝廷內的攘夷派公卿，攘夷勢力亦被逐出京都，代之為公武一合派。

公武一合派包括朝廷、幕府以及親藩、譜代及外樣，涵蓋幕藩體制的每一層級，因此也存在著歧見及各自的立場，再加上列強對日本的立場不同，使公武一合派的內部暗潮洶湧。公武一合主政京都歷時約四年，佔去幕末歷史四分之一強，但在政治上貢獻甚微。

攘夷的挫敗

事・件・小・檔・案

事件：八一八政變
時間：文久三年（一八六三）八月十八日
人物：青蓮院宮
結果：將攘夷勢力逐出京都

土佐勤王黨的墜落

土佐老公山內容堂於文久三年一月七日從江戶出發，先行前往京都等待將軍上洛。廿五日抵達京都後與攘夷色彩不濃厚的大名及朝廷公卿進行交流，使他對藩內攘夷派在京都的種種作為有了更深層的認識。

山內容堂還在江戶時對藩內攘夷派（土佐勤王黨）的種種作為已有耳聞，來到京都後又親聞前一年幕政改革得到赦免的青蓮院宮先後被土佐勤王黨成員要求下達土佐藩政改革及放棄公武一合的主張。雖說要求，實為強迫，難怪青蓮院宮心情不悅，聽到青蓮院宮口述的容堂同樣心情不悅。

山內容堂認為再不出手處理攘夷派，朝廷在攘夷公卿的把持下有可能走上攘夷之路，前一年策畫第二次敕使東下的藩內攘夷領袖武市半平太亦恐會響應並率領土佐藩供朝廷驅策，如此一來將違背藩祖山內一豐「只要山內家在土佐的一天，絕不允許土佐有違逆德川家的行為」的祖訓。

山內容堂收集充足的證據後向勤王黨究責，免除由勤王黨人出任的京都留守居役，取得將軍返回土佐的許可後，三月下旬將在京的勤王黨人押回土佐，土佐的攘夷派在這一刻便已退出京都（但此時距八一八政變還有近五個月）。回到土佐後容堂立即命人調查已故參政吉田東洋的死因，同時架空現任藩主豐範的權力，雖仍保留老公之名，但形同復辟。

土佐老公山內容堂

隨著吉田東洋死因的明朗，包括武市半平太在內的勤王黨員陸續被解除職務，甚至逮捕下獄，盛極一時的土佐勤王黨就此銷聲匿跡。勤王黨成員多數被捕，部分死在獄中，部分在兩年內遭到處刑，未在獄中死去禁錮到維新回天之際才獲釋。少數未被逮捕的連夜逃出土佐，脫藩亡命他藩。

文久三年八一八政變

大致說來，文久二年四月到翌年八一八政變之前是攘夷勢力最鼎盛之時，攘夷不僅是大勢所趨，更成為如宗教般的信仰，不隨之起舞會落於人後，敢對之質疑便有遭到暗殺之虞。

不少市井無賴、流氓乞丐也響應攘夷，他們的攘夷多半是為了三餐溫飽並在滿足口腹之後飽暖思淫慾，亦即打著攘夷的名號騙吃騙喝，與真正為了攘夷可以奉獻性命的攘夷志士差別甚大，這是攘夷派到後來令更多人產生反感的原因之一。

前段提及攘夷到後來猶如宗教信仰，不僅不能違逆，更不能質疑，只要有所違逆或質疑，便會遭到攘夷派群起攻之，甚至成為天誅的犧牲者。攘夷派如此不容異己，是令人反感的原因之二。

攘夷派為了政治目的，經常

透過朝廷內的攘夷派公卿假造天皇敕令，並向幕府下達假造的天皇敕令，這是攘夷派令人反感的原因之三，也是導致八一八政變的主因。天皇當然無法容忍攘夷派假造的敕令，只是，放眼望去朝廷並無值得信任的公卿，對此天皇感嘆不已。就在此時，遭到赦免的青蓮院宮出任新成立的機構國事御用掛，他的出現讓天皇看到打倒攘夷派的曙光。

賀茂行幸和八幡行幸並沒能取得天皇授予將軍攘夷節刀的事實，雖然將軍後見職一橋慶喜曾親口說出五月十日為攘夷期限，但攘夷派仍在籌畫規模比前兩次更大的行幸，此即大和行幸。據說日本第一代天皇神武天皇於大和國畝傍山下即位，崩御後亦葬於附近（皆位於奈良縣橿原市），意味大和行幸的行程與規模將超過前兩次。

當攘夷派全心投入大和行幸的規劃，朝廷、幕府以及會津、薩摩等六、七個藩已聯合起來準備發動排除攘夷派的政變。八月十八日凌晨時分，青蓮院宮與數名非攘夷公卿、京都守護職、京都所司代進入御所，以此為據點緊閉內裏六門，並下令在京諸藩率領藩兵馳援。

將近清晨，朝廷已掌握六千餘名兵力，青蓮院宮此時才下令所有攘夷派公卿禁止參內，同時發布三點聲明：

一、無限延期大和行幸。

二、解除長州藩堺町御門警備。

三、之前以天皇名義發布的詔敕均屬無效。

由於攘夷派公卿被禁止參內（形同免職），加上朝廷之外攘夷的大本營長州被解除堺町御門的警備，等於將攘夷勢力逐出京都。

剷除攘夷派之後，青蓮院宮正式還俗，稱朝彥親王，天皇獎勵他的表現，賜予中川宮作為新宮號，此後以中川宮朝彥親王之名稱之。以中川宮皇族的出身（此外還是前任仁孝天皇猶子，等於是現任天皇的義兄），加上他在八一八政變的表現，足以成為政變後朝廷甚至反攘夷派的核心，主導政變後公武一合的走向。

然而，中川宮就與當時多數皇族及公卿一樣，個性優柔寡斷、沒有問政的能力，政變後以他為核心召開的參預會議（這一部分後文會再提及）便可看出親王性格上的缺點，寄望他要為朝廷突破僵局是不切實際的想法。

因此政變後的政局主導權很快落在幕府（將軍後見職一橋慶喜、京都守護職會津藩主松平容保、京都所司代桑名藩主松平定敬，建立起所謂的「一會桑體制」）和在京諸藩手上，朝廷並未因為此機緣挽回長久以來大權旁落的困境。

為響應大和行幸，攘夷浪士已先行潛入大和，待天皇成功的在神武天皇陵寢前授予將軍節刀，這些攘夷浪士便會成為攘夷的先鋒軍。人在大和的他們不知京都已發生政變，仍按原先約定攻擊當地代官所，結果為公武一合派下令討伐。

九月下旬，這批攘夷浪士為四周諸藩的藩兵平定，除少數幾人外悉數陣亡（大和天誅組之亂）。

長州的攘夷挫敗

文久三年五月十日攘夷期限一到，長州便迫不急待向通過下關海峽的美、法、荷三國商船開砲。由於對手均是商船，所以毫無反擊能力。不過，對於毫無反擊能力的商船卻未能將其擊中、擊沉，反而讓三國的商船在砲擊中逃去。這也說明了積極攘夷的長州，其火力的準度與破壞力不足以攘夷，面對商船尚且如此，若面對的是三國的軍艦，恐怕被擊中、擊沉的將會是長州的船艦。

對於逃遁的三國船艦，長州舉藩上下猶如驅趕惡敵般沉浸在攘夷成功的喜悅。消息傳到京都，朝廷發出褒獎的敕令，長州因朝廷的褒獎而自我膨脹，以為列強不過如此，黑船來得再多也能將其驅逐。

不過，長州襲擊非武裝船艦明顯違反當時國際規範，美、法、荷（尤其是美、法）等國不會坐視不理。六月一日，一艘美艦從橫濱出航，迅速進入下關海峽，砲擊停泊於此的長州船隻，片刻間擊沉兩艘、擊傷一艘，瓦解長州的海軍。

接著美艦對準下關沿岸砲台（日文稱為台場）開砲，配置在美艦上的砲彈又快又準，瞬間盡毀長州苦心布置的砲台，一艘美國軍艦便能擊毀長州軍艦及打掉下關所有砲台，再怎麼盲目的人也能看出長州的武力在列強面前如廢鐵般不堪一擊。

數日後，法國抽調兩艘軍艦前來復仇，由於下關附近的砲台已被毀壞，因此法國軍艦的砲擊目標轉移至壇浦、前田一帶（下關海峽東側）。法國軍艦盡毀長州砲台不說，還派兵上岸將已毀的砲台扔進海中，然後如入無人之境般快速離去。

美、法僅派出區區一、兩艘軍艦便能突破長州引以為傲的海防，盡毀其海岸砲台，若再多派幾艘便能從海上封鎖長州藩。長州理應看出自身武力與列強的差距，若是一味堅持攘夷將會遭致毀滅性的打擊。可惜的是，此時長州從藩主到一般庶民都沉浸在先前輕易擊退列強商船的喜悅之中，認為砲台被毀純屬意外，渾然不覺彼此的差距，導致長州在日後付出了慘痛的代價。

薩英戰爭

比長州稍晚的薩摩也遇上攘夷的挫敗，此即薩英戰爭。

薩英戰爭的導火線為前一年的生麥事件（見前篇〈攘夷浪潮〉），薩摩始終拒絕引渡殺死一人、砍傷兩人的兇手，得不到賠償的英國決定以武力為後盾向薩摩索賠。

六月下旬，英國派出一支由七艘船艦組成的艦隊從橫濱出發，五日後出現在鹿兒島灣外，歷經兩日未能取得共識的談判後，文久三年七月二日英國決定對薩摩訴諸武力。

當日中午，七艘英國船艦聚集在鹿兒島灣最狹窄之處（櫻島附近），由於已故前藩主島津齊彬在此設置天保山台場，英軍船艦無法在此地登陸，只能從船艦上發砲射擊。

之後雙方不斷發砲作戰，英軍火力射程遠、準度高，讓鹿兒島城下陷入火海，但英軍畏懼薩摩武士的兇猛，雖有優勢卻不敢派兵上岸，也就難以擴大戰果。

薩摩的火力雖弱於英國，惟其鬥志高昂、視死如歸，竟將戰事拖延兩日，即將彈盡糧絕的大英帝國不得不撤出鹿兒島灣，九州勢力最強大的薩摩藩一舉擊退當時世界最強的大英帝國。

十月，薩英雙方在橫濱達成議和，英國不強要薩摩賠款（但薩摩還是向幕府借款償還），之所以如此，在於經此一役，英國看出薩摩的近代化勝過日本其他諸藩（也包括幕府），而其尚武精神連英國也有所不及。薩摩學到的教訓是如果攘夷的對象是國力強大、武器先進的英國，這樣的攘夷難有成功的機會。

之後的影響

文久二年於京都盛極一時的攘夷，進入文久三年盛極而衰。先是土佐老公山內容堂解除土佐勤王黨的職務，繼而將該黨成員一一治罪，在不違背「只要山內家在土佐的一天，決不允許土佐有違逆德川家的行為」的祖訓，與效忠朝廷的前提下選擇穩健但無實質政治成效的「公武一合」作為藩論。這種兩面討好的局面直到慶應三年（一八六七）六月以後才為「大政奉還」取代。

薩摩藩於島津久光上洛期間已清除藩內的攘夷勢力（文久二年四月「寺田屋騷動」），但藩真正放棄攘夷則要等到翌年的薩英戰爭結束後。

至於攘夷的大本營長州雖在文久三年不管對外或對內都因攘夷遭到重挫，但仍奉行攘夷不渝，甚至昇華到如宗教信仰般的虔誠。由於藩內統治階層的執迷不悟，使長州因為攘夷招致近乎毀滅的災難，遭到千夫所指、諸藩避之唯恐不及的孤立。

征討長州

事・件・小・檔・案

事件：池田屋事件
時間：元治元年（一八六四）六月五日
人物：近藤勇、土方歲三、松平容保
影響：長州藩士上京

池田屋事件與禁門之變

長州在八一八政變不僅被解除御所的堺町御門警備任務，更被朝廷聯合其他勢力逐出、消失在京都政壇，整個長州舉藩上下無不對被逐出京都感到冤屈、恥辱，他們積極與同樣被逐出京都的攘夷浪士聯繫，力求重返京都。

不久，聽聞公武一合派要員將在京都召開決定今後政局的參預會議，不少長州藩士不聽家老們的勸阻執意前往京都。參預會議的成員除島津久光外盡是親王、公卿、大名，區區藩士不僅不可能與他們坐下來開會，無官無位的藩士也不可能進入御所參內，貿然前往京都只會製造不必要的混亂。

來到京都的長州藩士與從各地湧入的攘夷浪士聚集在三條通和木屋町通交界處的池田屋，不料，旋即被剛納入京都守護職麾下的浪士組（屯駐點位於壬生寺附近，故也稱為壬生浪士）探知，浪士組組長近藤勇率領僅有的十名部屬冒險衝入池田屋二樓。攘夷浪士被近藤等人突然闖入殺個措手不及，稍作抵抗紛紛跳出屋外，一到屋外不巧遇上浪士組副長土方歲三率領的二十名成員。在近藤、土方二組人馬的圍剿下，攘夷浪士不是傷重死去，便是當場被捕，除少數幾人僥倖逃脫外，幾無漏網之魚。

據事後調查，京都守護職松平容保對外宣稱，此次浪士們密謀「朝御所放火、幽禁中川宮、暗殺一橋慶喜與松平容保，並挾持天皇前往長州」。攘夷浪士幾乎都受到國學或水戶學的影響，對天皇懷有無比敬意，很難想像他們會做出朝御所放火並挾持天皇的舉動，松平容保所言內容的可信度難免令人懷疑。

不過，松平容保放出的消息傳到長州卻讓他們認為造成天皇對長州藩主的誤解，為了消除天皇的誤解，長州藩士認為他們有義務上京進入御所在天皇面前解釋清楚，於是聚集千餘人準備前往京都。要前往御所參內須有適當的官位，一個藩多半只有藩主與世子（藩主的繼承人）才擁有官位，因此近千名長州藩士前往京都不僅徒勞無功，還可能會因此為朝廷、幕府與民眾帶來不安。

七月初，率領長州藩兵及攘夷浪士共約兩千人的福原越後、益田右衛門介、國司信濃三名長州家老，已在京都郊外準備採取三路合擊的態勢。長州兵力雖不多，但在遇事畏縮、和戰搖擺不定的公卿眼裡，兩千名長州軍及攘夷浪士絕非在京諸藩藩兵所能對抗，竟然尋求與長州和解之道。

七月十九日清晨，從伏見北上的長州軍率先遭到擊潰，剩下兩路長州軍在御所西側的蛤御門外與守衛該門的會津藩兵發生衝

浪士組組長近藤勇

突。由於會津藩是主導八．一八政變的京都守護職松平容保的母藩，長州便集中僅存的兩路猛攻此地。就在會津漸感不支時，薩摩藩兵及時趕到。眼見援軍到來，意識到無法取勝的長州準備撤退，但在慌亂中朝御所的方向開了一砲，竟然命中並起火。

為時一日多的作戰就此結束，由於最激烈的部分位於蛤御門附近，故也稱為「蛤御門之變」或「禁門之變」。

四國艦隊砲擊下關

彷彿算準長州從京都敗退的時間，去年被長州砲擊的美、法、荷三國，與未被砲擊的英國組成共十七艘軍艦的聯合艦隊，帶著教訓長州，不得任意砲擊通過海峽的外國船艦的目的，於八月初朝下關而來。由於長州有去年「攘夷」成功（發砲攻擊美、法、荷三國商船，將其逐出下關海峽）的經驗，雖甫於禁門之變敗北，但仍頗具信心的接下四國艦隊遞出的戰書。

八月五日，四國艦隊一聲令下，十七艘軍艦齊聲發砲，重新裝置的下關砲台也跟著發砲。然而，長州砲台完全打不到在射程之外的四國艦隊，反之四國艦隊又快又遠又準的命中長州砲台，繼去年之後長州砲台又於瞬間盡成廢鐵。

盡除沿岸砲台後，六日，四國艦隊派兵登陸作戰。長州藩兵剛在禁門之變吃下敗仗，元氣大傷，因此以高杉晉作成立的奇兵隊及以農、工、商、僧侶、神官、部落民等成員組成的長州諸隊為作戰主力。奇兵隊等長州諸隊雖士氣高昂，然而面對訓練有素且裝備精良的列強正規軍，仍不敵敗退，獲勝的四國聯軍以勝利者之姿在佔領的下關砲台前合影慶賀。

作戰結束後進入議和狀態，長州藩兵因為要備戰即將到來的長州征討（見下節），與列強的議和遂由奇兵隊發起人兼軍監高杉晉作全權負責。不過高杉不諳外語，無法與四國公使直接談判，因此長州方面的實際談判者落在專程從英國趕回的留學生井上聞多（馨）與伊藤俊輔（博文）身上，列強方面則推派會說日文的英國公使館通譯官薩道義（Sir Ernest Mason Satow）。

經過雙方數日的談判，達成以下共識：

一、今後外國船隻通過馬關（下關）必須懇切對待。

二、石炭、食物、薪水之外，船上必備用品應予以供給。

三、若在下關海峽遭遇風浪應准許登岸。

四、不得新置砲台，也不得維修遭砲擊的舊砲台。

五、軍費及戰爭賠償，必須遵從四國公使的決定。

撇開第五點，雙方達成的共識對戰敗的長州而言，算是相當寬大。軍費及戰爭賠償經四國公使開會後向長州求償三百萬美金，長州拒絕支付這一鉅額賠償，在討價還價時，另一巨大挑戰又降臨在長州面前。

征討長州

擊退長州藩兵後，駐屯在天龍寺（京都市右京區嵯峨天龍寺芒ノ馬場町）的長州陣地被搜到有毛利父子授予家老印有黑印的軍令狀，此舉被解讀為藩主向家老下令進攻御所（包括向御所開砲），不僅率領藩兵的福原、益田、國司三名家老，甚至連藩主毛利慶親及世子毛利定廣統統要被追究政治上的責任。

七月廿三日，朝廷發出敕命譴責長州在禁門之變的種種作為，並於敕命結束時要求儘早征討長州，此舉等同宣告長州為朝敵。另外，敕命雖未明文指出由誰征討長州，但從文句內容不難看出朝廷下令幕府率領諸藩征討的意味，江戶時代以來幕府遙尊朝廷但不給予向諸藩下達命令的實況到此時算是翻轉過來。根據這一紙敕命，幕府宣布收回江戶的長州藩邸並予以拆毀，同時逮捕長州的江戶留守居役及藩邸內的家臣，並向山陰、山陽、四國、九州諸藩動員征討長州。

在長州與四國艦隊議和期間（八月下旬），朝廷下令褫奪毛利父子的官位（大膳大夫、長門守），幕府也收回毛利父子拜領將軍的賜字（毛利慶親的「慶」字及毛利定廣的「定」字）。

幕府於八月先後任命前尾張藩主德川慶恕和越前藩主松平茂昭為征長總督及副總督，雖然兩人皆為親藩的藩主，但兩人也都欠缺領導統御與行軍作戰的才能，為彌補這一缺點，幕府於十月十二日增設征長參謀輔佐，人選為在禁門之變表現穩健的薩摩軍賦役（負責藩的軍事）兼諸藩應接掛（負責藩的外交）西鄉吉之助（隆盛）。

任命西鄉為征長參謀輔佐後，對諸藩的動員也進入完成階段，總計廿一個藩約十五萬兵力朝長州殺來。面對如此眾多的敵軍，長州未戰先怯，藩內分裂成與征長軍力戰到底的強硬派（也稱為正義派）以及順從幕府的恭順派（也稱為俗論派），征長大軍就在兩派對於是否該戰或該降爭執不休之時逼近藩境。

不過，征長大軍只是包圍長州四境，參謀輔佐西鄉向長州派出的代表傳達謝罪的條件：

一、處決引發禁門之變的三位家老及四位參謀。

二、長州藩主父子親筆寫下謝罪書，毀壞山口城並返回萩蟄居。

三、在長州的三條實美等五卿引渡至太宰府，由九州五個大藩看管。

條件之寬大從長州藩主父子到一般藩士都感到難以置信。

長州僅完成前兩個條件後，征長總督德川慶恕便在元治元年結束前解散征長軍，之所以如此匆忙，應與十五萬征長大軍開銷驚人有關。若長州有意拖延，征長軍恐會處在糧食告罄的狀態，也因為如此，長州免去了滅亡的危機。但征長軍過早解散，使三條等五卿未能落實由九州五個大藩（薩摩、熊本、福岡、佐賀、久留米）看管，而是集中在太宰府，並由也曾是攘夷主力的土佐浪士負責保護，要長州謝罪議和的第三個條件尚未實現便已解散征長軍。

之後的影響

壬生浪士在池田屋一戰成名，禁門之變後為京都守護職賜名新選（撰）組並納入其管轄之下，在之後三年多的時間稱職完成被賦予守護京都治安的任務，但也因為不遺餘力的緝捕在京都出沒的攘夷浪士，在改朝換代後從局長近藤勇到一般成員多數遭到悲慘的下場。

長州從文久三年八一八政變以來因主張攘夷而屢屢在外交上失利，但長州並未因此而改弦更張、調整或放棄攘夷的步調。進入元治元年，更因此而淪為朝敵，先後遭到四國艦隊及日本國內廿一個藩共約十五萬大軍的討伐，一連串的外交、軍事挫折，終於讓主持藩政的桂小五郎等人思考以攘夷為藩論的謬誤。就在征長大軍解散離去前後，藩士高杉晉作率部起義，在之後的三、四個月內推翻一時得勢的恭順派。高杉屬於前述的強硬派，推翻恭順派後建立以桂小五郎、廣澤真臣等人為核心的武力討幕政權，這一政權的成員幾乎就是先前主導長州藩政的攘夷派，差別在於已放棄不可能達成的攘夷主張。

恭順派掌政時間雖短，但在執掌期間長州藩兵服膺恭順派，是以高杉起義的主力由他在文久三年八月成立的奇兵隊及長州諸隊組成，奇兵隊及長州諸隊以打破身分藩籬為訴求，只要有保衛長州的心，不論武士、農民、町人、僧侶、神官，甚至是被輕視的賤民皆可來從軍（實際上武士仍佔奇兵隊及長州諸隊的半數），在奇兵隊及長州諸隊只有階級而無身分差別，升遷取決於戰功而非家世。此後奇兵隊及長州諸隊成為長州作戰主力，從四境戰爭到整個戊辰戰爭都有奇兵隊及長州諸隊的身影，成為明治初年徵兵制的前身。

以討幕為藩論

事・件・小・檔・案

事件：高杉起義
時間：元治二年（一八六五）
人物：高杉晉作
結果：長州從順從幕府派改為武力討幕派

推翻恭順派

幕府征討長州前後，出於對征討大軍的畏懼，主張順從幕府的恭順派在藩內得勢。不過，隨著征長軍對長州作出寬大處置，使恭順派掌控長州藩政的利多因素消失，外部危機一解除，恭順派剷除異己（指強硬派）的事實立刻浮上檯面遭到眾人指責，立刻醞釀推翻恭順派的浪潮。十二月十五日，征討長州的軍隊尚未解散，高杉晉作指揮伊藤俊輔成立的力士隊在下關功山寺（山口縣下關市長府川端一丁目）舉兵。

力士隊的人數只有六十餘人，其他長州諸隊無不對其能否成功抱持懷疑，對高杉的起義採取觀望的態度。不料，與人在功山寺的五卿喝完訣別酒後的高杉指揮力士隊當夜便拿下下關奉行所，並將奉行所的糧餉作為起義的基金。高杉一夜攻下奉行所的消息很快便傳遍下關，當初觀望的長州諸隊紛紛要求加入，起義的勢力瞬間暴增數倍。

數日後，高杉率領部分長州諸隊隊士前往長州海軍局所在地三田尻（山口縣防府市）與海軍局交涉藩的船艦，若無法和平取得不排除恃武力搶奪。然而，海軍局也對恭順派勇於內鬥、怯於對外的行為感到憤慨，在高杉的勸說下當下便獻上丙辰丸、庚申丸、癸亥丸三艘當時長州僅有的軍艦。

有了長州諸隊及藩的海軍力量的歸附，強硬派的勢力已強大到可與恭順派派出的藩兵一戰，進入元治二年（一八六五），在從下關往山口推進途中強硬派於繪堂、太田（山口縣美禰市）二地戰勝藩兵，攻下新藩廳山口，然後朝藩主父子蟄居之地萩（舊藩廳所在地）行進，恭順派毫無招架之力。之間長州支藩藩主出面斡旋兩派議和，但不被連戰皆捷、士氣高昂的長州諸隊接受，二月十四日直搗藩廳捉拿恭順派要人下獄，其餘成員盡皆免職，釋放先前被捕的強硬派成員，藩主父子承認長州藩政重新回歸強硬派。

從功山寺舉兵到重新取回長州的藩政，前後歷時約兩個月，此後長州放棄不可能達成的攘夷，代之以武力討幕作為藩論。

以桂小五郎為首的藩政團隊

在眾人普遍不看好的情勢下，高杉晉作仍堅持功山寺舉兵，不料，該役的成功竟成為敲響恭順派政權的喪鐘，前後約兩個月的時間一舉終結恭順派的政權。立下如此大功的高杉，別說在強硬派政權佔有一席之地，就算獨佔鼇頭也是理所當然。然而，高杉終究沒有坐上藩政最高負責人的位置，高杉知道自己只適合打天下，治理藩政並非自己所長，鑒於藩政不能無人治理，高杉與其他強硬派要員商量後決定派人迎回流亡在外的桂小五郎，他才是藩政最高負責人的最適人選。

桂和高杉都反對長州出動藩兵前往京都為藩主父子伸冤，是以池田屋及禁門之變桂都沒有積極參與（也有一種說法是桂因為錯過時間才未能出現在池田屋，也因此躲過一劫），因而未能與長州藩兵一同撤出京都。雖然並未參與池田屋及禁門之變，但身為長州人的桂依舊成為幕府通緝的對象，只得混在被大火燒毀住家的難民群中，躲在二條大橋底下待機逃出京都。

元治元年七、八月之交，在其他同志的協助下，桂終於

桂小五郎

逃出京都，化名躲藏在但馬國出石（兵庫縣豐岡市出石町），此後歷經四國艦隊砲擊下關、幕府征討長州以及高杉晉作在功山寺舉兵，這些大事都因為桂躲藏在出石而徹底的缺席。

元治二年二月，在桂的友人的陪伴下，桂在京都結識的紅粉知己幾松來到出石率先與他相會。透過幾松帶來的情報，桂得知強硬派已推翻恭順派，躲藏在此的自己不僅沒有性命之虞，還已被擁戴為主導藩政的首腦，桂認為毋須急著趕回長州，與對己有救命之恩（躲在二條大橋下的桂是靠著幾松準備的伙食維生）的幾松在出石當了一個多月的夫妻後，才於四月下旬回到下關。

五月下旬，桂正式被任命為長州藩政的最高負責人，與廣澤兵助（真臣）負責藩政，村田藏六（大村益次郎）負責藩的軍事改革，汰除已不符合時代的舊式兵制、陣法，改以西式兵制為主的近代化軍隊訓練。

此外，昔日受教於吉田松陰松下村塾的井上馨、伊藤博文、山縣小介（有朋）等人也分別受到重用，而原本應可與桂平起平

坐的高杉晉作則甘於接受桂、廣澤、村田等人的指揮。

經過一番折騰且也付出不少志士犧牲的代價，長州終於走上武力討幕之路。

從公武一合到武力討幕的薩摩

文久三年底，薩摩應邀參加該年八．一八政變的善後——參預會議（參加者並非薩摩藩主島津忠義，而是有「國父」之稱的忠義之父島津久光），會議討論內容為橫濱鎖港問題及長州處置問題。這兩大議題看似容易取得一致意見，實則不然，文久四年一月參預會議一揭幕，眾參預（一橋慶喜、松平春嶽、島津久光、山內容堂、伊達宗城，至於松平容保則全程缺席）面對橫濱鎖港問題便因沒有共識而爭吵不已，到了長州處置問題更是吵成一團，一橋慶喜與島津久光尤其針鋒相對、水火不容。兩人尖銳的對立導致眾參預先後辭去參預職務，聲勢浩大的參預會議（勞動將軍二度上洛）最後不歡而散、草草結束。

四月，辭職的前參預返回各自的藩國後，幕府任命桑名藩主松平定敬為京都所司代，與將軍後見職一橋家當主一橋慶喜、京都守護職會津藩主松平容保共治京都而被稱為「一會桑政權」。

參預會議與一橋慶喜尖銳對立而辭去參預返回薩摩的島津久光，亟思能有突破現狀之道，在家臣大久保一藏（利通）等人的建議下召回流放到遠島（沖永良部島，奄美群島最南端，現屬鹿兒島縣大島郡和泊町及知名町）的西鄉吉之助，希望倚仗他的智慧為薩摩拓展新局面。

從遠島返回的西鄉被任命為掌控藩的軍事及外交的職務後前往京都，與家老小松帶刀共同坐鎮京都，這一組合面臨的最初考驗便是長州率領藩兵進京（禁門之變），有賴西鄉率領薩軍馳援呈現敗象的會津藩才得以擊退長州軍。西鄉雖因調度合宜擊退長州而致聲望水漲船高，自己也在接下來的征討長州榮膺參謀輔佐一職，然而，征討長州的主導權卻趁勢落入了幕府之手。

征討長州最後在未實際作戰且以寬大條件讓長州降伏的情形下落幕，然而幕府對於這樣的結局並不滿意，從解散征長軍那一刻便醞釀再次征討。慶應元年四月，再次征長從原先的傳聞成為真實，將軍更是為此三度上洛。不過，薩摩卻質疑幕府消滅長州後也會採取同樣手段對付自己，屆時薩摩將陷入與長州一樣孤立無援之境。

在參預會議久光已看清幕府毫無改革幕政的意願，還想藉由朝廷頒布征討長州的命令將其消滅。為了避免淪落長州的下場，薩摩逐漸修正公武一合的路線朝武力討幕靠攏，如此一來與功山寺起義後長州建立的強硬派政權不謀而合。歷經文久、元治年間的摸索與眾多志士的犧牲，進入慶應時期，歷史終於朝正確的方向邁進。

之後的影響

日後成為倒幕主力的薩摩和長州，歷經數年的挫折和摸索，不約而同確立以武力討幕作為藩的出路。照理而言，實力相當、目標相同且同樣位處西南的兩大藩應結盟（或至少締結攻守同盟）以抗幕府才是。然而，薩長在八·一八政變結下不共戴天之仇，被逐出京都的長州上下將政變的主謀薩摩和會津稱為「薩賊會奸」，之所以會有禁門之變的發生，與其說他們不辭勞苦要前往御所為藩主父子伸冤，倒不如說是要找薩摩、會津尋仇。之後長州又歷經一連串的挫折，這些挫折多少都與薩摩有關，更加深了彼此間的仇恨。

從以上的敘述不難得知，要長州主動與薩摩結盟是不可能的，薩摩或許有意識到唯有與長州結盟才有可能完成武力倒幕，但礙於藩的顏面而不願主動提出，因此薩長的結盟必須由薩長以外的人士提出、推動，才有實現的可能。改元慶應（元治二年四月以後，一八六五）後，薩長結盟的推動與實現開始積極起來，主導者是藩內對立嚴重的土佐脫藩浪士坂本龍馬與中岡慎太郎。

薩長同盟

事・件・小・檔・案

事件：薩長同盟
時間：慶應二年（一八六六）一月二十一日
人物：坂本龍馬、桂小五郎、西鄉吉之助、大久保利通
影響：幕府再次征長挫敗的主因之一，加速了幕府滅亡腳步。

龍馬與慎太郎的亡命過程

坂本龍馬與中岡慎太郎皆出身土佐藩下士，而且兩人俱為土佐下士首領武市半平太成立的土佐勤王黨成員，然而土佐勤王黨時期兩人並不熟識，是以也無太多交集。

之所以如此，固然與兩人的興趣不同有關（此時的龍馬主要以劍術聞名，而慎太郎則是偏好在政治方面），不過更主要的原因是龍馬在勤王黨成立後約半年便脫藩成為浪人。

文久二年三月下旬龍馬脫藩，未脫藩的慎太郎在該年六月與半平太及其他勤王黨成員作為土佐藩主山內豐範的隨扈上洛。

文久三年山內容堂開始整頓藩內的攘夷派，土佐攘夷派不是遭到京都守護職底下的組織如京都所司代、京都町奉行、伏見奉行所、新選組的殺害，便是在逃回土佐時於邊境關所遭到逮捕下獄拷打致死，少數躲過這兩劫難的土佐下士，紛紛脫藩前往長州繼續攘夷，慎太郎也是前往長州的倖存者之一。

元治元年因池田屋事件與禁門之變都有勝海舟的門生參與，因此他一手成立的神戶海軍操練所遭到關閉，不僅如此，他本人也被解除軍艦奉行的職務，更遭到返回江戶蟄居謹慎的處分。

搭上返回江戶的船隻之前，勝海舟將海軍操練所成員中的浪人共二十餘名託付薩摩藩士西鄉吉之助代為照料，於是龍馬等土佐脱藩浪士遂接受薩摩藩的庇護改以薩摩位在大坂的藩邸為落腳處。

滯留大坂藩邸期間，龍馬等人打探到一條非常重要的情報：幕府有意再次征長。鑒於上次征長草草結束，幕府決定此役重重懲治長州藉以重振幕府威望。

薩摩原本對長州的存亡抱持不聞不問的態度，但在龍馬「長州若亡，將為薩摩前車之鑑」的勸説下，認為適時對長州伸出援手才是自保之道，再三考慮後決定讓與長州關係良好的龍馬先行前往長州。

締結薩長盟約

儘管龍馬與長州關係良好，然而要長州與恨之入骨的「薩賊會奸」之一的薩摩結盟終究不是易事。

龍馬歷經反覆思考，決定先行拜會征討長州後被安置在太宰府的三條實美、三條西季知、四條隆謌、壬生基修、東久世通禧五卿，如果五卿也同意薩長提攜，或許能改變長州的

坂本龍馬

態度。

由於公卿處在封閉的環境下，一方面異常固執，相對地另一方面也易受到操控，龍馬從輕鬆的話題開頭，逐漸引導到薩長提攜方面，輕易取得五卿的信任並賜予信物，以便於與長州藩士就薩長提攜進行談判。

龍馬帶著五卿的信物來到下關拜會已成為長州強硬派政權最高負責人的桂小五郎，在與桂的言談中，龍馬得知稍早之前慎太郎亦曾到訪，在允諾一段時間後會帶著西鄉吉之助前來與桂商談結盟之事後自行前往薩摩。

龍馬至此才知原來有人跟他一樣為著薩長提攜而盡心盡力，因此他留在長州與桂一起等待慎太郎和西鄉的到來。

然而，到了約定日期，只有慎太郎一人出現在長州境內，桂小五郎因再次受騙而幾乎要關上與薩摩提攜的大門。面對正在氣頭上的桂，龍馬認為話題若還圍繞在薩長提攜上只會招惹不快，因此將話題轉移到他剛於長崎成立的團體龜山社中，可以此為窗口購買武器，以應幕府再次征長之需。

武器的缺乏同樣也是長州的要害，桂不得不暫時壓下被薩摩欺騙的不滿而專注於龍馬的談話內容。

不過，儘管有龜山社中這一窗口，而社中也派出專人協助長州購買武器，仍延遲到將近慶應元年底才將新式槍械及船隻交到長州手上。已經完成西式訓練的長州諸隊，再配上購入的新式槍械，若再能與薩摩締結軍事同盟，長州在面對即將到來的再次征長之役便能立足於不敗之地。

事已至此，薩長結盟條件已經具足，桂小五郎搭乘薩摩開往大坂的船隻前往京都，慶應二年初，龍馬也跟著前往京都見證這一歷史時刻。

龍馬進入薩摩藩京都藩邸發現雙方並無面臨結盟的喜悅，一問之下才知，雖然雙方都知道彼此的目的，卻礙於藩的顏面不願主動提出結盟之事。眼見薩長結盟將會因雙方顧及顏面而功虧一簣，龍馬當晚找來西鄉要他放下藩的顏面，主動提出與長州結盟之事，不然長州若因勢單力孤為幕府所滅，薩摩滅亡之路也就不遠了。

慶應二年一月廿一日，在龍馬的堅持下，薩摩藩從家老小松帶刀以下，西鄉吉之助、大久保利通等數名藩士，長州藩則以桂小五郎為首，在龍馬的見證之下，締結了改變幕末歷史的薩長盟約。

薩長盟約內容

薩長盟約共有六條，內容如下：

一、開戰之時，薩摩立即派遣二千藩兵東上，與派駐京都的藩兵會合，大坂駐軍千人，以鞏固京坂二地。

二、若長州處於有利形勢，薩摩應盡力向朝廷施壓，使朝廷出面調停，將事態導向對長州有利之局面。

三、萬一長州出現敗象，亦不至於在一年半載內覆亡，薩摩應在這期間內伺機出手解救長州。

四、集結京坂的幕兵東歸時，薩摩應竭盡心力向朝廷澄清長州的冤罪。

五、薩兵上京若遇上橋會桑的阻礙，立即擁戴朝廷以正義之名盡力與之周旋，必要時甚至與之決戰。

六、在冤罪的赦免上雙方應赤誠相待，為了皇國，雙方應全力合作以恢復皇威為目標。

仔細閱讀盟約內容不難發現此一盟約的前五條內容都是針對再次征長遇上各種狀況時薩摩藩的因應之道，因此薩長盟約應該只是解決幕府再次征長的當下之急，而不能說締結薩長盟約時已有推翻幕府的意圖（長州或許有，但薩摩應該還沒有）。

之後的影響

薩摩和長州可說是江戶時代——尤其是黑船事件以來——最具實力的兩個藩，由於實力相近，彼此間存在著競爭意識，八一八政變後由原先的競爭演變成相互仇視。

不過，任誰也料想不到，仇

恨甚深的薩長二藩竟能在一、兩個脫藩浪士的斡旋下握手言和，進而締結具軍事性質的攻守同盟，難怪薩長結盟的消息數日內便傳遍京都，不到十日竟連遠在江戶蟄居謹慎的勝海舟也獲悉此事，不難想像薩長同盟對政局及民眾造成的震撼。

薩長二藩結盟足以對幕府構成威脅，幕府不僅早已知悉，甚至還查出促成同盟之一的龍馬之住處，幕府雖然一時間奈何不了薩長，卻能針對孤身一人的龍馬。

薩長盟約締結後的第三日（一月二十三日），伏見奉行所派出數十名同心（下級捕吏，無騎馬資格）包圍龍馬的棲身地寺田屋（京都市伏見區南濱町），拒絕就縛的龍馬掏出上個月長州藩士高杉晉作贈予的手槍反擊，雖雙手手指遭到砍傷，但在長州指派的保鑣護衛下突圍逃出，之後輾轉於薩摩藩京都藩邸、甚至遠赴薩摩藩養傷。

薩長結盟更影響到幾個月後的再次征討長州，即便在承平時代，短期內兩次大規模動員也會造成被動員諸藩的不滿，何況是在幕府威望大不如前的幕末。

薩摩因薩長盟約果斷拒絕幕府的動員，連帶造成其他藩——尤其是與幕府關係疏遠的外樣諸藩——接受動員意願不高，是幕府再次征長挫敗的主因之一。

再次征長的失利，使得威望大不如前的幕府雪上加霜，加速滅亡的腳步，可說種因於慶應二年一月的薩長結盟。

四境戰爭

事・件・小・檔・案

時間：慶應二年（一八六六）六月七日
人物：幕府與長州藩
結果：幕府潰敗
影響：幕府氣數將盡，愈來愈多的藩尋求脫離幕府控制、甚至向朝廷靠攏。

將軍第三次上洛

繼文久三年二月十三日及同年十二月廿七日之後，將軍家茂於慶應元年五月十六日第三次上洛。第一次上洛的目的是為前一年三條敕使東下江戶提出「將軍於來年春上洛針對攘夷期限問題」的回覆；第二次是為了八．一八政變後的局勢，而上洛主持善後的參預會議；此次上洛則是為了向朝廷取得再次征討長州的敕命。

此次將軍上洛一如前兩次，大部分時間耗在與上洛目的風馬牛不相干的雜事上，諸如應對朝廷、聆聽各方勢力的意見、平息幕府內部各派的衝突，甚至還要顧及列強間利益平衡，一一擺平這些問題後，才有閒暇周旋於朝廷和公卿之間，以助於再次取得征長敕命。也一如前兩次的上洛，處理與上洛目的不相干的雜事成為上洛後主要的課題，而上洛的目的只能在處理完課題後撥空進行。

從將軍三度上洛起再次征長的謠傳不絕如縷，然而，實際上此時的將軍，正面臨列強以八艘船艦組成的艦隊為後盾脅迫幕府兵庫開港的威脅，以致無暇顧及向朝廷取得再次征長的敕命。兵庫開港的交涉再次凸顯幕府面臨與列強公使談判的無能及朝廷對西方的無知，面臨列強的進逼，朝（廷）、幕（府）未能結成一氣反而互扯後腿的行為恐怕更令將軍感到沮喪。

慶應元年十月七日，幕府向各國公使轉達兵庫開港得到天皇的敕許，將於西曆公元一八六八年一月一日正式開港。由於兵庫開港是幕府與各國修好通商條約其中一個條款，可視為《安政五國條約》至此才真正得到天皇的敕許。

幕府軍

四境戰爭

解決棘手的兵庫開港問題後，將軍繼續致力於取得再次征長敕命的目標，歷經幾番折騰終於在慶應二年一、二月間取得征長敕命（由此可看出朝廷的效率）。按理應趁剛取得敕命、諸藩士氣正旺之時，一鼓作氣攻打長州，但另一方面幕府又想不戰而屈人之兵，不斷派出使者向長州傳遞，只要接受降伏，便可免於兵臨城下的訊息。

自推翻恭順派後，主導藩政的桂小五郎委任村田藏六負責藩內的軍備事務，當下之急為對於藩兵以及包含奇兵隊在內的長州諸隊施以新式的訓練。由於隊形及戰術的訓練需要時間，幕府在此時派出使者前來勸降正好可以為長州爭取訓練的時間。

對於長州的不理不睬，幕府解讀為，降伏條件說得不夠清楚以及派出交涉的使者身分太低之故。因此不斷改變降伏條件及更換交涉的人選，到最後竟連板倉勝靜老中首座也親自上場。

歷經多次曠日廢時的交涉，時間從二月來到五月，此時村田已完成長州的新式軍隊訓練，加上年初締結薩長同盟獲得薩摩這一強有力的後援，以及去年龜山社中代為訂購的新式槍械與船隻，長州對於即將到來的戰役充滿自信。

相較之下，幕府方面雖取得征長敕命，但過程頗為周折，與長州交涉降伏苦苦痴等最終沒有結果，要求薩摩動員也遭到拒絕。諸多方面的不利不僅失去先機，漫長的等待（從將軍上洛算起已有一年）導致己方的士氣明顯重挫。

慶應二年六月七日，幕府軍艦在周防大島（也稱屋代島，現屬山口縣大島郡周防大島町）與長州守軍起衝突（大島口），之後數日雙方陸續在長州與藝州藩交界（藝州口）、長州與津和野藩交界（石州口）及長州與小倉藩交界的下關海峽（小倉口）等地開戰，由於在四地開戰，故此役又稱為「四境戰爭」。

雖然幕府軍在兵力上佔有絕對優勢（將近三十倍），但前線的指揮官毫無指揮調度之能，與動員參戰的諸藩未做任何協調溝通，以至於諸藩（以親藩和譜代為主力再加上四個外樣共十四個藩）各自作戰，無法發揮人數上的優勢。

再者，幕府方諸藩武器、裝備老舊不說，連戰術也停留在十七世紀初消滅豐臣政權的大坂之役，自非完成新式訓練的長州諸隊之敵。

最後也是最重要的一點，開

國後的物價上漲導致諸藩財政陷入困境，動員征長意味增加開銷，對財政吃緊的諸藩來說，即便征長獲勝能得到的封賞有限，何況實力強大的薩摩藩早早表態拒絕幕府動員，使得被動員的諸藩普遍士氣低落。

這些不利因素導致幕府軍在開戰後便陷入不利局面，除藝州口勉強能與長州軍打個不分勝負外，其餘三地不僅慘敗，而且都是遭到比例懸殊的長州軍痛擊，落敗的幕府軍不僅狼狽的撤退，還因為爭相逃竄，平白贈送長州不少輜重。

七月中旬以後，四境戰爭僅剩小倉口一地還在作戰中，不過該地的作戰沒有持續太久，七月三十日表現勇猛的熊本藩兵突然撤退，隔日幕府軍自行放火燒毀小倉城後退出戰線，小倉口戰役，甚至整個四境戰爭到此全面結束，動員十四個藩、超過十萬大軍的幕府竟然被一外樣雄藩擊潰，幕府的顏面可說是蕩然無存！

媾和

四境戰爭最後以幕府潰敗收場，這恐怕是薩長以外包含幕府在內所有藩都料想不到的結局。幕府慘敗已成事實，眼下更為要緊的是結束與長州的作戰狀態，儘管備感屈辱也不得不進行。

當時幕府正值將軍新喪（家茂於四境戰爭末期病逝），重要人物都忙於將軍後事，導致與長州議和的人選難產（原因當然不只如此），最後敲定由復出但未受重用的軍艦奉行勝海舟負責與長州的議和。

長州自文久三年八一八政變以來受到以幕府為首的勢力一連串的打壓，更因而淪為朝敵，如今在戰場上狠狠挫敗幕府軍，當然不會給幕府派來議和的使者好臉色看。

九月二日，抱著必死之心的勝海舟來到廣島附近的宮島與幾名長州代表會談，勝以不卑不亢的舉止及開誠布公的誠心贏得長州代表的敬重及好感，進而順利展開議和的談判。之後數日長州同意在大島口、藝州口、石州口、小倉口撤兵結束交戰狀態，四境戰爭到此才算完全結束，九月十日，完成使命的勝海舟返回大坂交差。

儘管成功結束雙方交戰狀態也無法挽回四境戰爭失敗的事實，但議和的成立免去了幕府軍更多無謂的犧牲和聲望繼續的下墜，勝海舟出色的表現可說是幕末幕府方少數的亮點。

之後的影響

雖自黑船事件以來，政局始終處於動盪紛擾的局面，也不乏與列強的衝突（如薩摩與英國的薩英戰爭、長州和英法美荷四國艦隊的下關戰爭），然而，四境戰爭才真正是幕末期間日本國內首宗內戰。

對於列強進逼一籌莫展的幕府，好不容易得到朝廷的敕命取得討伐長州的大義名分，幕府當然會有藉由討伐長州以挽救聲望每況愈下的念頭，何況若能一舉消滅長州，長州三十六萬九千石的領地不管是納為天領或是用來賞賜在戰役中立功的藩，既能提升幕府的聲望，也能得到被賞賜的藩感恩戴德。

只是人算不如天算，幕府寄予厚望的薩摩拒絕出兵，連帶影響到其他外樣大藩的動向，使得最終的征長軍隊是由裝備和士氣相對低落的親藩和譜代構成，以這樣的戰力當然不是完成新式訓練並配有當時最先進武力的長州的對手。

不僅如此，當時盛傳重新啟用的軍艦奉行勝海舟最終並沒有派到前線，不然，勝海舟若能在前線指揮海戰，長州僅有的幾艘船艦恐怕會步上八百年前在此地長眠的平家海軍的後塵。若果真如此，在陸戰獲勝的長州也會因海戰的挫折而沖淡勝利的實感。

四境戰爭前，只有薩、長二藩公然與幕府對立，該役的失利連尋常民眾都能看出幕府氣數將盡，幕藩體制不僅出現裂痕而且嚴重到無法修補，有愈來愈多的藩尋求脫離幕府的控制、甚至向朝廷靠攏，當中不乏向來忠於幕府的譜代。

將軍與天皇去世

第十四代將軍德川家茂・小檔案

就任時間：安政五年至慶應二年（一八五八—六六）

事蹟：第一個與皇室成員成親的將軍、上洛三次、四境戰爭

結果：徒勞無功，幕府聲望持續下降

十四代將軍家茂生平簡介

十四代將軍德川家茂生於弘化三年（一八四六）御三家之一紀伊藩，原名慶福，於安政五年（一八五八）被前任將軍家定指定為繼承人，慶福之所以能在與一橋慶喜於將軍繼承問題中勝出，主因在於血緣（吉宗以後的將軍皆出自紀伊家），而成為將軍之前，慶福當了近十年的紀伊藩主。

十三歲繼任將軍時改名家茂，雖較四代將軍家綱、七代將軍家繼年長，但也還不到可以親政的年齡，幕府先是安排大老井伊直弼代為問政，在安政七年櫻田門外之變後又於文久二年（一八六二）以政事總裁職松平春嶽、將軍後見職一橋慶喜作為輔役。

眾所周知，幕府聲望持續下墜，一年不如一年（反之，朝廷則逐年攀升），尤以家茂出任將軍期間（安政五年至慶應二年，一八五八—六六）為最。

家茂這位年輕將軍不僅打破從家光以來連續十任將軍超過二百年未曾上洛的紀錄，甚至在不到三年的時間上洛三次，滯留京都的時間還一次比一次久（第一次上洛滯留約四個月；第二次介於四到五個月；第三次則超過一年），苦命的程度可說是歷任將軍之最。

奔波勞苦若有代價，再多付出也值得，然而，將軍所有為恢復幕府威望而付出的舉動，在事後看來皆屬徒勞，慶應元年到二年之間取得再次征長之敕命如此，甚至三次上洛亦是如此。

慶應元年五月十六日，為提振普遍低落的譜代大名及旗本的士氣，家茂不僅身著戎裝騎在馬上，更搬出當年神君家康戰場上本陣所在的金扇大馬印，以示將軍的親征（根據之後看來，將軍親征與否對於四境戰爭毫無影響，何況將軍也未跟隨到前線）。四境戰爭前夕曾一度傳出恢復前年遭到罷免的前軍艦奉行勝海舟原職，不過，勝海舟終究沒有出現在四境戰爭的戰場上，不然，長州薄弱的幾艘船艦很有可能在勝的調度指揮下遭到殲滅的命運。

整個四境戰爭期間，家茂和將軍後見職一橋慶喜都只坐鎮大坂城，而未到前線督戰。主帥的不積極導致前線瀰漫在低迷的士氣中，最終成為決定戰役勝負的關鍵之一，不過，家茂並未親眼見證幕府落敗的事實便於七月廿日於大坂城因腳氣衝心病逝，得年僅廿一歲。

由於四境戰爭還在進行中，幕府不得不對外封鎖將軍的死訊，但，將軍的死訊仍因種種管道傳到前線，參戰的熊本藩作出私自撤兵的決定，此舉導致四境戰爭的全面結束。

從將軍後見職到最後的將軍

家茂臨終前交代次任將軍由御三卿之一田安龜之助繼任，顯然血統的考量重於一切，因為御三卿（田安、一橋、清水）與家茂同樣都是八代將軍吉宗的後裔。

既然家茂臨終前再三交代，擁有包含兩位前御台所（家定未亡人天璋院篤姬、家茂未亡人靜寬院宮親子內親王）、兩位將軍生母（家定生母本壽院、家茂生母實成院）的大奧決定尊重家茂遺言，全力支持田安龜之助為下任將軍繼承人。

不過，田安龜之助年僅四歲，目前幕府因征討長州失利且又適逢將軍病逝以致威望跌至谷底的當下，實無擁立幼齡將軍的空間，儘管龜之助是大奧支持的對象，卻意外遭到執掌幕政的幕閣們否決。幕閣們屬意的是八年前與家茂競爭將軍失敗的將軍後見職一橋慶喜。

一橋慶喜，年長家茂九歲，雖是御三卿之一一橋家當主，實為御三家之一已故前水戶藩主德川齊昭七男。由於齊昭子嗣眾多，在慶喜十一歲將其過繼到缺乏後嗣的一橋家當繼承人，並改名一橋慶喜。安政大獄慶喜遭到

最後的將軍一橋慶喜

隱居謹慎的處分，櫻田門外之變同年即解除處分，文久二年幕政改革被任命為將軍後見職，成為將軍之下的幕府第二號人物。

在將軍首次上洛期間，慶喜越俎代庖擅自向朝廷回覆攘夷期限，此舉導致長州在攘夷期限一到，便擅自砲擊通過下關海峽的外國船隻，成為下關戰爭的導火線。鑒於京都局勢不穩，他在元治元年辭去將軍後見職改任禁裏御守衛總督兼攝海防禦指揮，與京都守護職松平容保及新任京都所司代松平定敬掌控了京都、大坂一帶（「一會桑政權」）。

慶喜雖能力出眾（負責長州藩政的桂小五郎形容他為「今之家康」），但態度反覆的他不斷游移搖擺在尊王、佐幕、攘夷、開國之間，連身邊的側近也不清楚到底他的中心思想為何？側近尚且如此，幕閣、大奧及諸藩大名和藩士就更不用說了，或許立場搖擺不定是慶喜在將軍繼承人中出局的原因之一吧！

即便慶應二年慶喜仍有這一缺點（四境戰爭前是幕府的主戰派，在將軍病逝後還主動向朝廷請纓親征長州，但一聽到小倉城陷落的消息卻又透過朝廷下令停戰），但眼下幕府若擁立田安龜之助，恐有政權覆滅之虞，在別無選擇的情形下只能接受立場搖擺不定的慶喜（一年多後的鳥羽·伏見之戰慶喜再次立場搖擺，讓屬下無所適從）。

慶喜成為將軍已是定局，幕府在家茂去世後不久，向朝廷奏請慶喜為德川宗家繼承人，朝廷立即同意幕府的奏請。如此一來，幕府與大奧的反對力道小了許多，只剩天璋院等少數大奧依舊反對。儘管形勢大好，慶喜也只同意繼承德川宗家（從一橋慶喜改名德川慶喜）而不同意成為將軍，於是幕府罕見出現沒有將軍的局面。

現任將軍去世到朝廷敘任將軍需時三個月到半年不等，所需時間雖然冗長（包含辦完已故將軍後事、對外公開其死訊到向朝廷提出新任將軍宣下及將軍繼任所需官職如內大臣、右大臣、右近衛大將等），但繼任將軍人選已經確定，不至於造成人心的浮動、恐慌。此時則不然，慶喜雖已繼承德川宗家，卻無接下繼任將軍的意願，於是出現了有宗家當主卻無將軍人選的奇特情形。

另一方面，已締結同盟的薩長（主要是薩摩，因長州此時還是朝敵）展開金錢攻勢交結朝廷公卿，試圖透過他們影響天皇，不僅反對慶喜成為將軍，也要排除與幕府維持良好關係的中川宮及二條齊敬關白。

儘管有多達二十二名公卿串連起來彈劾中川宮及二條關白的列參（指中下級公卿為達到某些要求而進入御所強行上訴）事件，但在天皇的表態力挺下，中川宮及二條關白保住官位。天皇力挺中川宮及二條關白也等同力挺與這兩人關係良好的慶喜，然而，慶喜仍無繼任將軍的意願。

十一月廿八日，天皇拋出對於新將軍依舊採取庶政委任體制，不因為將軍人選而有所改變。慶喜之所以遲遲不繼任將軍就是在等待天皇這句承諾，值此非常之時，天皇的金口承諾遠比大奧、幕閣的相挺來得有用。

天皇並非隨口說說而已，十二月五日，慶喜立即得到朝廷官職的宣下，包括正二位權大納言兼右近衛大將、源氏長者兼淳和·獎學兩院別當（這三者雖非正式官職，卻是自室町時代以來將軍宣下同時必備的官銜）以及征夷大將軍。歷任德川將軍（家康、家慶除外）在將軍宣下的同時也受封內大臣官位，只有慶喜是權大納言。

這一日，幕府最後的將軍德川慶喜誕生。

孝明天皇生平簡介

幕末大部分時間為第一百廿一代孝明天皇的治世，他是前代仁孝天皇的第四皇子，也是唯一存活的皇子（另外還有繼承桂宮的第三皇女淑子內親王及日後成為家茂御台所的第八皇女親子內親王），名諱為統仁，稱號為熙宮。

由於男丁單薄，仁孝天皇收養數名皇族成員為猶子以屏障皇室，包括：朝彥親王、貞教親王、彰仁親王（以上出自四世襲親王家之一伏見宮）以及熾仁親王（出自另一四世襲親王家有栖川宮），以上數名親王都是幕末（也包含之後的明治時代）朝廷倚重的要員。

弘化三（一八四六）年三月十日，統仁親王踐祚，是為孝明天皇，此時年僅十六歲。江戶時代之前朝廷已失去大半經濟來源的莊園，二代將軍秀忠又制定限制天皇行事的《禁中並公家諸法度》，是以江戶時代的天皇不僅貧困，能作的事也極為有限。

黑船的到來暴露出幕府外交方面的無能，不只無法阻絕列強於境外，還劃定區域提供外國人居住，讓日本人最不能接受的是幕府允許外國人在日本國內建造教堂，玷汙神州淨土的聖潔。既然幕府抵擋不住外國勢力橫行，受到當時盛行的水戶學、國學薰陶的民眾遂寄希望於天照大神後裔的天皇身上。

安政年間與美國駐日公使哈里斯簽訂《日美修好通商條約》堀田正睦老中首座，不想獨自承擔簽約之責而託辭需取得敕許（天皇的同意）才能完全生效，無形中將天皇的威望推上巔峰（對比之下，幕府威望持續探底）。

天皇的政治主張雖為攘夷，卻不熱中倒幕（與心疼皇妹親子內親王幼年失怙進而憐惜其夫婿家茂有關，但非唯一因素），只要天皇一日在位，便無法寄望其發布討幕敕命，鼓動薩長等西南諸藩武力討幕。慶喜正是相中這點，才會在天皇拋出庶政委任體制後同意繼任將軍。

慶應二年十二月十一日，天皇在御所內結束祭祀後突感身體不適，經典藥寮診斷認為天皇可能罹患痘瘡（天花）。十七日透過武家傳奏正式對外發布天皇患病的消息，京都、奈良周邊的佛寺·神社主動為天皇病體痊癒進行連日連夜的祈禱，公卿及一會桑要員（將軍、守護職及所司代）亦參內探視，與數月前將軍臥病的情形不可同日而語。

再多的治療、再多的祈禱也未能扭轉病情，十二月廿五日，

人・物・小・知・識

孝明天皇

在位時間：弘化三年至慶應二年十二月二十五日（一八四六—一八六七）
事蹟：幕末大部分時間在位的天皇，主張攘夷不熱衷倒幕，黑船事件後，幕府不想承擔與外國簽約之責，將簽約權推給天皇
結果：民眾對幕府失望，寄希望於天皇，將天皇的威望推上巔峰

天皇病況在始終沒有起色之下藥石罔效，享年三十六歲。前後五個多月接連折損將軍和天皇，新將軍和即將產生的新天皇是否還能維持先前和諧的局面呢？

之後的影響

慶應二年下半年，在政治環境日漸對幕府不利的情形下，接連失去年輕的將軍及天皇，新的將軍人選已確定是德川慶喜，新的天皇也將會是孝明天皇唯一成年的皇子祐宮睦仁親王（之後的明治天皇）。不過，睦仁親王未達親政的年齡，勢必會出現類似攝政的角色，擔當類似攝政角色者是否還願意承認先帝的庶政委任體制呢？

依前文敘述可知，庶政委任體制對即將面臨由薩長發起討幕戰爭的幕府而言，猶如一道護身符，只要孝明天皇在位，他不會推翻自己的主張發布討幕敕令；沒有討幕敕令，任憑薩長實力如何強大，終究欠缺討幕的大義名分，在討幕的過程中得不到任何友軍的支援而加深討幕戰爭的難度，這是慶喜同意出任將軍的主因。

如今，幕府失去護身符，不難想像接踵而來的慶應三年將會面臨討幕派與幕府的對決（政治方面甚至是軍事方面），未來一年的政治局勢，對慶喜與幕府而言會更為難過。

大政奉還

事件小檔案

時間：慶應三年（一八六六）
提出者：坂本龍馬
內容：將軍主動將政權返還朝廷，不訴諸武力，和平轉移政權
結果：第十五代將軍慶喜接受大政奉還提議

討幕派與大政奉還派之爭

四境戰爭的獲勝堅定薩長武力倒幕的路線，不過，只有薩長二藩的武力倒幕難有勝算，若能拉攏幾個二十萬石以上的雄藩，將會大增武力討幕成功的機會。擁有二十四萬石高的土佐藩成為薩摩拉攏的對象，只是土佐始終恪守藩祖山內一豐「只要山內家在土佐的一日，絕不允許土佐有違逆德川家的行為」的祖訓，對於武力討幕興趣缺缺。

慶應三年五月，已成為將軍的慶喜與薩摩國父島津久光、越前．土佐．宇和島三藩老公松平春嶽、山內容堂、伊達宗城三人在京都舉行會談（四侯會議）。會談內容為長州處置與兵庫開港，與兩年前已故將軍家茂第三次上洛面對的問題幾乎完全一致，只是討論的對象從列強公使改為國內影響力較大的藩的實際負責人。由於薩摩的立場已傾向武力討幕，因此島津久光刻意與慶喜作對，甚至還與慶喜大吵一番。

久光與慶喜的爭吵，使四侯的其他三侯無法介入，春嶽和伊達宗城只能沉默以對，容堂索性以牙疼為由缺席四侯會議，四侯會議最後就與參預會議一樣不歡而散，會議結束後以此為契機，久光正式以武力討幕取代公武一合作為藩論。

四侯會議雖無任何共識及成果，但在會議結束後不久，薩摩藩士西鄉吉之助、小松帶刀與土佐藩討幕派板垣退助、谷干城等人秘密締結《薩土討幕密約》。《薩土討幕密約》的簽訂代表土佐上士也有不服膺藩祖山內一豐的祖訓，然而，這並不代表武力討幕已成為土佐上士之間的共識。

約略與締結《薩土討幕密約》的同時，在容堂的催促下，甫於長崎處理完伊呂波丸事件的土佐參政後藤象二郎，偕同剛於四月收編進來的海援隊長坂本龍馬進京。

在後藤的催促下，龍馬提出了既不違背山內一豐的祖訓、但也同樣適用當下政治的氛圍，此即讓將軍主動將政權返還朝廷的大政奉還。

相較於武力討幕，大政奉還是讓德川幕府有尊嚴的退場，比起武力討幕，深受德川家恩澤的土佐更適合以相對溫和的大政奉還作為藩論。若由老公山內容堂的名義提出大政奉還，不僅增添幕府的接受度，土佐也將因推動大政奉還有功得以在日後以朝廷為核心的新政府裡佔有一席之地。

於是京都出現了以薩長為主、部分激進的土佐勢力為輔的武力討幕，以及以土佐為主的大政奉還兩派見解。兩派的相同處都是要幕府向朝廷返還政權，差別在於前者訴諸武力，藉由武力消滅幕府很有可能演變成全國性的內戰，生靈塗炭自不用說，也難保列強不會趁日本內戰藉機圖利。大政奉還雖然根絕幕府在之後新政府的勢力，然而和平的移交政權不僅免去內戰的發生，也連帶去除列強干涉的可能性，對當時的日本未嘗不是一劑良方。

慶喜接受大政奉還

後藤象二郎將大政奉還視為自己的構想，前往土佐向容堂提出（若如實向容堂呈報大政奉還的意見出自下士，應該不會被容堂接受），容堂聽完也認為這是讓德川家最有尊嚴的退場方式，於是同意由自己親筆上書慶喜，懇求接受大政奉還。

不過，容堂到九月下旬才開始起草《大政奉還建白書》，完成前往京都遞交已是十月初。另一方面，武力討幕派也為了師出有名積極拉攏朝廷公卿，只要能運作天皇親近的公卿，待討幕密敕完成後，拜領密敕的薩長自然成為效忠天皇及朝廷的官軍，與之作戰的幕府則淪為朝敵（賊軍）。官軍、賊軍立場分明，諸藩自無觀望空間，甚至連帶大政奉還論也會遭到鄙棄，因為朝廷豈有接受賊軍返還政權之理？

如果慶喜接受大政奉還，率先向朝廷返還政權，即便之後武力討幕派取得討幕密敕也沒用（因為已沒有幕府）；反之，若討幕密敕先下達，成為賊軍的幕府縱然返還政權也不會被接受。因此，幕府究竟會和平移交政權，或是必須與武力討幕派一戰端看慶喜的決定。

時間一日一日流逝，慶喜遲遲未做出是否接受大政奉還的決定。而另一方面，武力討幕派望眼欲穿的討幕密敕也始終未見蹤影。兩派陷入僵局的情況持續至十月十二日終於有所突破，這天夜裡二條城派出眾多使者通知諸藩的京都留守居役，要他們明日派出一名重臣（三十萬石以上的藩可派出兩名）前往二條城有要事相商。土佐藩派出向老公山內容堂建言大政奉還的參政後藤象二郎出席，後藤雖準確猜中今日所議之事必與大政奉還有關，但冗長、繁瑣的過程直到下午才真正進入主題，慶喜接受容堂的提議同意返還政權（十四日正式向朝廷提出並被接受）。

差不多同一時刻，尚未被赦免的公卿岩倉具視之子終於拜領武力討幕派引頸期盼的討幕密敕，返回岩倉具視流放之地——洛外岩倉村，薩摩藩士大久保利通和長州藩士廣澤真臣已在此等候多時。興高采烈的兩人（長州唯有進行武力討幕才能洗除朝敵的罪名）正要帶著討幕密敕返回藩國動員兵力，此時卻傳來慶喜已接受大政奉還的消息。慶喜既已同意返還政權，武力討幕便無法強行為之，兩者之爭當下是大政奉還暫居上風。

龍馬暗殺

大政奉還論的提倡者坂本龍馬在大政奉還後立即草擬《新官制擬定書》，然後前往越前邀請目前遭到謹慎處分的該藩藩士三岡八郎（由利公正）負責新政府財政。得到越前老公松平春嶽及三岡八郎本人的同意後，龍馬結束越前之旅於十一月五日回到京都，十日後（十五日）龍馬與同藩的中岡慎太郎迎來人生的最後一幕。

龍馬暗殺始末至今尚未有令人滿意的答覆，除了下手暗殺的團體確定為京都見廻組外，其他諸如動機、行兇經過及幕後主使者至今仍無法完整說明。最初認為是新選組所為，後來衍生出種種內幕說，例如討幕密敕太晚下達，以致武力討幕為大政奉還所取代，使得主張該論調的薩長憤而下手除掉龍馬；後藤因恐大政奉還論的真正提倡者是龍馬的秘密洩露而失寵於容堂，故將其滅口；龍馬是共濟會的成員，因主張大政奉還而妨礙英國在日本的利益，因此透

龍馬被暗殺

過共濟會將其除去；紀州藩因為輸掉伊呂波丸的官司而對龍馬懷恨在心，伺機將其除去。

這些說法作為歷史小說創作題材或許合適，但都經不起深入的推敲，未來若能有重大的新發現，龍馬暗殺的內幕或能有進一步的突破。

之後的影響

早在締結薩長同盟時，土佐志士中岡慎太郎已準確預測今後時局會演變成薩長攜手以武力征討幕府，這種傾向在四境戰爭結束、新的將軍及天皇繼任後愈益明顯，慶應三年四侯會議後，連京坂地區的民眾也能感受到武力討幕乃勢之所趨。然而就在此時，龍馬卻向薩長志士拋出大政奉還，龍馬以其辯才說服小松、西鄉等薩摩在京的領袖，放棄先前與土佐藩討幕派簽下的《薩土討幕密約》，改訂支持大政奉還的《薩土盟約》，之後擴大為《薩土藝盟約》。

眼見即將遭到盟友背叛的長州，趕緊派出使者冒險進入京都（此時長州朝敵的身分尚未解除）要求薩摩重視薩長同盟。薩摩再三衡量後決定維持薩長同盟，並以武力討幕性質的《薩長藝盟約》取代《薩土藝盟約》。

從以上所述可看出龍馬是武力討幕的妨礙者之一，龍馬遭到暗殺後最大的受益者並非幕府，而是武力討幕派（因此才有薩長唆使刺客行刺龍馬的說法）。不過，在龍馬暗殺之前，薩長各自帶著失效的討幕密敕返回自藩要求藩主動員藩兵，準備上洛武力討幕。由此看來薩長並未因為慶喜接受大政奉還而動搖武力討幕的意志（因此因龍馬妨礙武力討幕而將其除去的說法難以成立）。

這支為武力討幕而動員的兵力於十一月下旬來到京都附近，考量到大軍貿然進京勢必引起民眾的恐慌而暫駐外圍，靜觀京都政局的變化。這支部隊即是慶應四年初鳥羽．伏見之戰新政府軍的主力，不久之後即將投入與幕府的全面戰爭。

王政復古

事·件·小·檔·案

時間：慶應三年（一八六七）十二月九日
人物：岩倉具視
內容：廢除幕府，暫設總裁、議定、參與三職
結果：慶喜下令幕府勢力撤出京都

王政復古大號令

在龍馬暗殺稍早之前，薩摩藩主島津忠義（久光長男）同意親自率領約三千藩兵上洛進行武力討幕，這支分乘四艘船艦的部隊沿途前往長州、藝州搭載藩兵（長州一千二百餘名、藝州三百餘名）於十一月底進京。

龍馬雖已故去，土佐參政後藤象二郎仍謹守大政奉還路線，拒絕與薩長藝同調出動藩兵。朝廷公卿雖然厭惡幕府，但他們又無法果斷支持武力討幕（不想積極表態以免失敗時被追究責任），西鄉、大久保只有積極拉攏傾向武力討幕的公卿密謀發動政變，將不贊同武力討幕或保持中立的公卿排除在權力核心圈外，使武力討幕成為朝廷的唯一選項。

十二月八日下午起，御所舉行朝議，顧名思義乃朝廷的會議，參與者本應限於公卿，但僅限於公卿多半不會有結果，是以加入松平春嶽、德川慶恕（尾張藩老公）、淺野茂勳（藝州藩世子）三名武家要員。

朝議的議題有二，首先撤除長州藩主父子朝敵的罪名與恢復其原先的官職，並准許其上洛；

其次為赦免祐宮（明治天皇）即位時未能赦免的公卿，包含力主和宮降嫁的岩倉具視、久我建通、富小路敬直、千種有文「四奸」以及被安置在太宰府的三條實美、三條西季知、壬生基修、四條隆謌、東久世通禧五卿。只要朝議成員有共識，上述議題須臾間便能解決，實際上完成這兩議題已是九日淩晨，朝廷的效率由此可見。

朝議結束後，剛獲得赦免的岩倉具視立即穿上朝服進入御所，顯然岩倉早就知曉自己會得到赦免。來到御所的御學問所，岩倉亮出心腹玉松操（一個多月前的討幕密敕也是出自其手）擬稿的《王政復古大號令》，內容提到「……自今廢除攝關幕府，暫設總裁、議定、參與三職，為行萬機，諸事基於神武創業之始，……」，僅只一紙號令便完成制度的變革，更藉由制度的變革排除舊制的官員（攝關、幕府、國事御用掛、議奏、武家傳奏、京都守護職、京都所司代）以完成政變。若無岩倉，依傳統朝議恐怕三天也無法完成政變。

至於依大號令成立的總裁、議定、參與三職，取代被廢除的眾多官職成為政變後以朝廷為中心的新政府核心，三職要員如下：

總裁（一名）——有栖川宮熾仁親王。

議定（數名）——仁和寺宮

岩倉具視在御所亮出《王政復古大號令》

嘉彰親王、中山忠能、松平春嶽、山內容堂、島津忠義、淺野茂勳……

參與（數名）——大原重德、岩倉具視……

從以上的陣容，可看出三職來自皇族、公卿、大名，這些人除岩倉、春嶽、容堂外皆無政務能力，新政府大權若落在這些毫無政務能力的人手上，日本的未來令人擔憂。彷彿也看出這樣的陣容華麗有餘、實用不足，十二日從薩摩、土佐、藝州、尾張、越前五藩每藩挑選三名藩士作為參與（薩摩的西鄉、大久保以及土佐的後藤皆在其中），有這些具實務能力的藩士，新政府才能真正運作。

小御所會議

《王政復古大號令》頒布後，名列三職成員的皇族、公卿、大名離開所處的御學問所，當晚前往接見幕府派出的使者、京都所司代及其他大名所在的小御所繼續召開政變後的第一場會議，由於會議的地點位於小御所，故稱小御所會議。

岩倉雖只是參與，但會議一進行其活躍度凌駕在眾人之上，對此感到不滿的山內容堂發言說道德川家有結束戰國亂世、開啟三百年和平盛世之功，慶喜本人亦以英明聞世，卻遭二三公卿的疏離而不得與會，認為這些公卿恐有「擁幼沖天子、竊取權柄」的意圖。容堂這番話被岩倉抓到把柄，說道當今聖上（祐宮）乃不世出之英才，今日會議悉出自其宸斷（天子的裁斷），「擁幼沖天子、竊取權柄」之言乃居心叵測。岩倉的一席話頓時讓以辯才自豪的容堂噤聲，再也不敢發言。

松平春嶽接著發言，除了容堂的最後一句外，幾乎與容堂的內容一致，都認為德川氏有結束亂世、開啟長期和平繁榮治世之功，不應將其排除在會議之外。春嶽雖不以辯才見長，但他發言顯然更為慎重，因此岩倉無法從中抓到話柄。不願與春嶽抬槓的岩倉遂亮出底牌，明言慶喜若為天下蒼生著想，應主動辭官（辭去內大臣）納地（返還四百萬石天領）展現誠意，如此才能讓他參與朝議。

岩倉這番話顯然敷衍春嶽，已經辭去征夷大將軍的慶喜，若再辭官納地則與平民百姓無異，平民身分的慶喜不可能進入御所參與朝議，兩人交鋒至此呈現沉默狀態。為打開僵局朝自己與薩摩期待的方向（武力討幕），岩倉趁著休息時間，派人向在小御所外頭警戒的西鄉吉之助求教。

西鄉要人向岩倉轉告，值此非常之際唯有施以非常手段方能解決。岩倉聽到來人轉告後心領神會，攜短刀入懷繼續與會，堅持慶喜參與的春嶽、容堂見狀不再堅持己見，向岩倉及薩摩派讓步。至此小御所會議達成慶喜必須向朝廷辭官納地的共識，此時已是十日凌晨。

令春嶽等人難堪不僅止於在小御所會議向岩倉低頭，立即被任命為敕使的他們（德川慶恕、松平春嶽）被岩倉及薩摩出身的參與賦予前往二條城向慶喜告知會議結果之責，等於要幕藩體制下的親藩大名向德川宗家當主轉告必須做出辭官納地等極盡羞辱的決定。

當德川慶恕、松平春嶽轉告小御所會議的結果時，二條城內的旗本及會津、桑名二藩藩兵鼓譟不已，認為與其接受朝廷無理的要求，不如挾人數優勢與之一戰，甚至還主動向慶喜請纓求戰。

此時二條城內的幕府軍憤於朝廷無理要求而有強烈的戰意，原本一直駐紮在西宮（兵庫縣西宮市）的長州藩兵此時尚未進京，慶喜若有意向朝廷開戰，此時（十日）應是再好不過的時機。然而，慶喜卻以此時京都勤王氣息過於濃厚，在此地作戰將不利於幕府為由，未徵詢任何幕閣、幕僚，於十二日自行下令撤出京都，退守大坂城。

慶喜的命令一出，從幕閣到旗本及親藩藩兵無不感到錯愕，但也只能遵守慶喜之命，當日幕府的勢力便撤出京都。未交一兵主動放棄王城京都，失去的不僅是戰略上的要地，還包括將領的忠誠、幕軍的士氣及人心。

之後的影響

十二月八日下午到十日凌晨左右，不到兩日的時間先是長州被撤除朝敵的罪名、流放到洛外的岩倉及太宰府的三條等五卿得到赦免，並且因為武力討幕而站在同一陣線（前幾年他們因不同政治主張而彼此攻訐）。長州和岩倉應該事先已知他們會得到赦免，因此一得到赦免長州便從西宮往京都的路上前進，岩倉更是備好朝服進入御所參與接下來的小御所會議。

接著岩倉在小御所會議一枝獨秀主導全場，拒絕春嶽和容堂讓慶喜參與其中，更放話慶喜若想參與必須先行辭官納地。會議結束後，岩倉以命令的語氣要德川慶恕和春嶽前往二條城轉達會議的結果，無疑要藉機羞辱慶喜並挫挫幕府的士氣。慶喜表面上雖不置可否，卻自行下令退出二條城、轉進大坂城。從頒布《王政復古大號令》、小御所會議、德川慶恕．松平春嶽前往二條城告知會議的結果到慶喜下令撤出二條城為止，前後不過歷時四日，頗有恍如隔世之感。

之所以有這樣的感覺主要在於幕府撤出控制二百多年的京都，但幕府並非因為戰敗不得不撤出京都。到慶應三年十二月初為止，幕府在京坂駐有約一萬名受過西式陸軍訓練的步兵，也還有會津、桑名二藩藩兵及京都守護職底下諸單位（所司代、京都町奉行、伏見奉行所、京都見廻組、新選組），上述所有加總起來約一萬三、四千人，將近新政府軍（主力為薩摩，此外為藝州，至於長州還在前往京都的路上，而土佐因大政奉還遭到推翻而不願與之為伍）的四、五倍。

慶喜若依恃這支兵力固守二條城，以薩摩為主力的新政府軍也莫可奈何。只要幕府還據守京都，外溢效果便不至於擴散開來，慶喜未戰撤出京都表面上未失一兵一卒，實際上對幕軍士氣的打擊及人心的歸向是難以估計，也預告了不到一個月後鳥羽伏見之戰的結果。

鳥羽伏見之戰

事·件·小·檔·案

時間：慶應四年（一八六八）
雙方：德川幕府、新政府
地點：京都鳥羽、伏見街道上
結果：因慶喜陣前脫逃，幕府軍退出大阪

江戶薩摩藩邸燒毀事件

十二月十三日傍晚，慶喜進入大坂城，十六日在大坂城接見並設宴款待英、法、美、荷、義（大利）、普（魯士）六國公使，向他們說明這兩個月來（指大政奉還至今）政局的演變，並向六國公使傳達王政復古乃非法的政變。王政復古以來，新政府並未派人向各國駐日公使轉達相關訊息，各國公使始終不清楚政變細節，此時聽聞慶喜的解說後，在情感上普遍傾向慶喜。

外交攸關國家利益甚鉅，個人情感當然不構成支持幕府或朝廷的唯一或主要衡量基準。不過，選擇對於六國公使並非難事，在慶喜親自承諾以往簽訂的修好通商條約依然保有效力及保障各國在日本取得的種種利益後，支持幕府不再只是公使個人的情感，而是維護各國在日本的既得利益。由此看來，慶喜主動撤出京都並非無謀之舉（因為各國公使不能進入京都），而未能主動聯繫各國公使、爭取他們的支持，可說是新政府的失策。

有了六國公使的支持，慶喜的態度強烈許多，立刻命人起草要求朝廷清君側（包含岩倉具視、正親町三條實愛、中御門經之等主張武力討幕的公卿）的《舉正退奸之表》，命人送往京都遞交新政府總裁有栖川宮熾仁親王。慶喜這一舉動應是出於安撫大坂城內躁動的人心，而非與新政府決裂開戰。

接下來數日，慶喜沒有再進一步朝開戰做出行動，反倒是新政府為挑起戰爭派出浪人、賭徒在幕府所在地江戶各地縱火，火勢之大甚至燒掉江戶城二丸。不容在將軍腳下生事的幕府立即發兵圍剿，一哄而散的滋事者遁入位於三田（東京都港區三田町）的薩摩藩邸，幕府向薩摩藩索人遭到拒絕後，運來大砲砲擊薩摩藩邸。防禦不如城郭的藩邸固然

幕府用大砲砲擊薩摩藩邸

灰飛煙滅，藩邸炎上的消息傳回京都也成為新政府和幕府開戰的導火線。

鳥羽伏見之戰

聽完江戶幕臣報告關於薩摩藩邸燒毀事件始末後，慶喜為了不讓幕薩之間的私怨擴大成朝幕間的戰爭，命人起草《討薩表》。《討薩表》指出自十二月九日小御所會議以來政局之演變，俱出自松平修理大夫（島津忠義）之陰謀，舉出這段期間薩摩犯下的私自廢黜堂上公卿等五條罪狀，要求朝廷引渡薩摩奸臣（松平修理大夫）。

前後十餘日，慶喜從《舉正退奸之表》要求清除主張武力討幕的朝廷公卿，轉為要求交出蠱惑朝廷的薩摩奸臣，不難看出慶喜避免與朝廷正面衝突、使自己淪為朝敵的意圖。只要把朝廷排除在聲討的對象外，幕薩間的戰爭便可視為私戰，如此一來薩摩要取得與幕府作戰的大義名分便不容易，也難以期待得到諸藩的支持。

作好開戰前的準備後，慶喜集結退守大坂城的幕府兵力（包括京都守護職底下的京都所司代、京都町奉行、伏見奉行所、京都見廻組及新選組）及畿內譜代諸藩約一萬五千兵力，於慶應四年一月二日沿淀川、宇治川向京都前進。三日下午在進京的必經之路鳥羽街道和伏見街道遇上橫阻在前的薩摩、長州藩兵，雙方因此進行交戰。

幕府軍佔了人數上的優勢（將近新政府軍的三倍），但在武器裝備上和戰術上明顯落後，雖是如此，幕府軍在開戰後展現出絕佳的韌性，奮戰到次日淩晨才在新政府軍攻下伏見奉行所後敗退。獲勝的消息傳到御所，原本還在規劃祐宮逃亡路線的公卿們（包含岩倉具視在內），瞬間更改議題為任命仁和寺宮嘉彰親王（伏見宮邦家親王第八王子，明治時代改名小松宮彰仁親王，日清戰爭期間任參謀總長、征清大總督）為征討大將軍兼軍事總裁，並授予錦之御旗和節刀。

四日兩軍繼續作戰，結果與

前一日相似。兩日下來，新政府軍雖然阻止幕府軍的北上，但戰果也僅只於此，依舊未能徹底瓦解幕府軍的士氣，新政府軍決定翌（五）日讓手持錦之御旗和節刀的征討大將軍隊列出現在前線戰場上。

從東寺出發的是以兩面碩大的錦之御旗為首的征討大將軍隊列，這兩面旗幟給前日雖敗但依舊維持高昂士氣的幕府軍沉重一擊，譜代諸藩普遍意識到與錦之御旗作戰即將淪為賊軍，也因此失去作戰的士氣及意志。

相較於譜代諸藩士氣不振，幕府的直屬部隊（包括法國軍事顧問團代為訓練的近代陸軍及京都守護職底下諸單位）及會津・桑名二藩藩兵絲毫不受錦之御旗出現的影響，惟歷經上午的激戰依舊敗北，幕府軍於是退出伏見西撤。途經山城國唯一的譜代淀藩，該藩家老拒絕打開城門收容已淪為賊軍的幕府軍。

未能得到充分休息的幕府軍於六日與駐守八幡、橋本的一千六百名津藩、小濱藩、宮津藩會合，想藉由增添生力軍及扼守險要的地利等有利因素反擊。津藩藩祖藤堂高虎深得家康信任，雖屬外樣卻享有譜代的待遇，慶應元年起為幕府賦予警備山崎（大坂進京的必經之地）的任務。

受到幕府特別關照的津藩也受到錦之御旗外溢效果的影響，六日接近中午時砲擊駐紮在天王山下的友軍（包括退守的幕府軍及小濱藩、宮津藩）。駐紮在天王山的幕府軍及小濱、宮津等藩兵無非想以逸待勞、等待最好的時機向新政府軍發動攻擊，津藩突如其來的砲擊讓他們措手不及，並在慌亂中與新政府軍交戰，其結果可想而知。

逃離大坂的慶喜

坐鎮大坂城的慶喜，即便獲知三、四兩日落敗的消息，也始終保持樂觀的態度，他很清楚只要得到六國公使的支持便是幕府最強大的後盾。然而，五日錦之御旗橫空出現在前線上，不僅扭轉膠著的戰情，造成幕府軍陣營的動搖（如淀藩、津藩），同樣也對慶喜內心造成動搖。

成為將軍前的慶喜雖是御三卿之一一橋家當主，但其生家卻是有「天下副將軍」之稱、御三家之一的水戶家，主導幕末志士尊王攘夷思想的《水戶學》便是水戶家留給當時及之後日本最重要的資產。成為一橋家養子之前，慶喜曾在生家受到多年水戶學的薰陶，這可從他即便不滿小御所會議的結果，也只能歸咎於朝廷公卿、薩摩君臣蒙蔽聖上，而不敢明目張膽的指責祐宮，看出其內心深處依舊存有尊王思想，因此，錦之御旗出現在戰場上對慶喜會造成多大的衝擊也就不難想像了。錦之御旗的所在亦即大義名分——也就是官軍——的所在，與這樣的軍隊作戰必然會被貼上賊軍的標籤。對慶喜而言，當下的局勢有悖於自幼受到的水戶學，慶喜自然而然會想避免令他左右為難的僵局出現。

六日，面對在戰場上潰敗返回、士氣低盪到谷底的幕府軍，慶喜發表一番慷慨激昂的言詞，將軍的詞令使剛打一場敗仗的幕府軍恢復信心。不過，當晚慶喜卻與老中首座板倉勝靜、京都守護職松平容保、京都所司代松平定敬及其他若干幕府要員在美國公使的協助下輾轉搭乘船艦返回江戶。

慶喜陣前脫逃與前述受到水戶學薰陶而不願與天皇（朝廷、新政府軍）為敵，以致淪為朝敵不無關係，然而，大敵當前卻逕自拋下受他鼓舞而士氣高昂的將士，真叫這些幕府軍情何以堪！

將軍陣前逃亡的消息次日傳遍大坂，因將軍的激勵而士氣高昂的幕府軍，只持續一晚便墜入更深層的無底深淵。慶喜逃亡的消息也在這一日傳到京都，新政府乘勝追擊，立即發出《慶喜追討令》。《慶喜追討令》雖是一紙文書，殺傷力抵得上千軍萬馬，該令向諸藩宣告慶喜已形同朝敵，協助朝敵或與其友好者等同朝敵，都是朝廷討伐的對象。

被慶喜拋棄的憤怒加上《慶喜追討令》的頒布，重挫大坂城守軍士氣，儘管大坂城有數千名守軍，在諸多不利的因素下，幕府守軍做出將大坂城引渡尾張、越前二藩的決定（因為這兩藩屬於親藩，比起由薩、長及武力討幕派公卿把持的朝廷更值得信任）。幕府守軍當下或許只是出於權宜之計，他們應該沒有想到在交城的那一刻，幕府的勢力不僅退出大坂，更退出京、坂地區。

之後的影響

慶長五年（一六〇〇）的關原之戰是家康取得天下的關鍵，被稱為「決定天下的一戰」，鳥羽伏見之戰同樣也是決定天下歸屬的關鍵，因此被稱為「再次的決定天下」。

對勝利者而言，鳥羽．伏見之戰與關原之戰歷時雖短，但贏得並不輕鬆。若無小早川秀秋的倒戈，關原之役恐怕無法在一日內分出勝負；若無錦之御旗飄揚在前線，幕府軍的意志不會瓦解得那麼快，觀望諸藩恐怕也未必會加入進來。不過，若無慶喜的逃亡，鳥羽伏見之戰的戰果只侷限在戰場上擊退企圖進京的幕府軍，而不會擴大到幕府勢力退出整個京、坂地區。

一月八日，交出大坂城後，畿內已無幕府勢力，新政府頒布七個親藩及其支藩、譜代不得進出御所的命令。接著又下令褫奪慶喜、容保、定敬等「一會桑政權」要角共二十餘人的官位，收回這些要角所屬的藩在京都的藩邸，並懲處前述七個親藩及其支藩、譜代藩主。這些命令除鞏固新政府的戰果外，更有加大區分「官」、「賊」的用意。甚為諷刺的是，極力避開與天皇為敵，甚至不惜因此陣前逃亡的慶喜，最終仍免不了淪為朝敵。

鳥羽伏見之戰雖讓新政府立足畿內，但幕府在根據地關東依舊有難以動搖的實力，新政府若不對關東用兵，日本便會存在兩個對立的政權。因此，鳥羽伏見之戰並非內戰的結束，而是另一階段內戰的開始，惟有關東方面承認新政府，內戰才有結束之時。

江戶無血開城

事．件．小．檔．案

時間：慶應四年（一八六八）四月十一日
雙方：勝海舟、西鄉隆盛
地點：薩摩藩位於田町的藏屋敷
結果：幕府正式交出江戶城，長達二百六十五年的統治結束

東征總督府成立

幕藩體制之下，親藩、譜代諸藩大多配置在關東和畿內周遭，四國、中國（山陰．山陽）及九州則鮮有親藩、譜代身影。受到鳥羽．伏見之戰及之後慶喜逃回江戶的影響，原本對幕府並不心悅誠服的外樣諸藩紛紛向朝廷宣誓效忠，一時之間，京都以西除少數的親藩、譜代外盡皆「變天」。西國零星的親藩、譜代顯得突兀礙眼，因而成為新政府掃蕩的對象，趁鳥羽．伏見之戰獲勝餘威，一月中旬朝廷派兵討伐四國兩大親藩讚岐高松藩（御三家之一水戶家的支藩，稱為御連枝）與伊予松山藩（三家三卿以外的親藩，稱為御家門）。

孤立無援的兩藩最終也只能降伏朝廷，親藩降伏後，中國、九州的幾個譜代無力對抗，也只能跟在親藩之後降伏，此時距鳥羽．伏見之戰結束只有一個多月的時間。

慶應四年二月九日，朝廷成立東征大總督府，由於「東征」的目標即幕府所在地江戶，因此東征大總督非一般藩士可出任，甚至連大名、公卿也不太夠格，在幾名成年親王的人選中決定由有栖川宮熾仁親王出任。有栖川宮的中選是基於年紀、能力和人望，而非民間謠傳是為了向幕府一雪奪妻（和宮原先與有栖川宮有婚姻之約，但為公武一合而解除婚約）之恨。

同時還任命兩位公卿為上參謀輔佐大總督。公卿幾乎無一例外不諳軍事，雖佔著上參謀之位實則無法提供軍事戰略，因此另行任命西鄉吉之助（薩摩）、林玖十郎（宇和島）為下參謀。西鄉和林雖因出身之故屈居下參謀，但兩人才是新政府軍東下江戶的實際戰術擘劃者。

東征大總督府下轄奧羽、北陸、東山、東海四道鎮撫總督，除奧羽因距離過遠暫時無法派軍採取軍事行動外，新政府軍於二月中旬兵分三路沿北陸、東山、東海三道伴隨著錦之御旗和《親王大人》（《宮さん宮さん》，日本最早的軍歌，雖說是軍歌但其實是根據當時的俚謠都風流改編）的歌聲東下，預定於三月十四日在江戶附近會合，十五日起對江戶發動總攻擊。

江戶無血開城

因鳥羽伏見之役的勝利以及幕府淪為朝敵等因素使新政府軍兵力暴增，比起鳥羽．伏見之戰時已多出數倍，沿途除東山道在甲斐遇上改名甲陽鎮撫隊的新選組餘黨有零星衝突外（甲斐勝沼之戰），幾乎沒有遇上抵抗，還不斷有諸藩宣布加入新政府軍。

雖然北陸、東海二道鎮撫軍在推進過程中並未遇上衝突，但北陸道鎮撫軍的移動路線異常緩慢（可能與二月的氣候以及在鎮撫過程中耗費太多心力有關），以致在預定的三月十四日只有東山、東海二道鎮撫軍會合。

也在這一日，幕府陸軍總裁勝海舟與總督府下參謀西鄉吉之助在薩摩藩位於田町（東京都港區芝五丁目，當地至今留有《會見之地紀念碑》）的藏屋敷進行會晤。雙方會談的內容大要如下：

一、慶喜在生家水戶藩隱居謹慎。

二、江戶城開城移交手續結束後即刻歸還田安家。

三、兵器、軍艦暫時集中，日後若下達寬大處分，除部分外餘均移交新政府。

四、居住城內的家臣需移居城外謹慎。

五、鳥羽．伏見之戰關係者寬大處置，不可處以死罪。

六、盡力安撫城內武士、民眾，若企圖施暴，官軍可行武力鎮壓。

上述內容由被兵臨城下的幕府陸軍總裁勝海舟提出，佔盡優勢的西鄉對此照單全收，不管對慶喜或是幕府，甚至為幕府出過力的親藩、譜代及外樣諸大名均寬大處置到令人質疑是否立場對調的程度。

為何會有這種異常寬大的處置呢？

在兩人會面前，西鄉派出的使者已先行與英國駐日公使巴夏禮會晤，巴夏禮認為慶喜已表現出恭順之意且主動離開江戶城謹慎，朝廷也應釋出善意不向江戶發動攻擊才是。在江戶咫尺之外的橫濱自開港以來，包括英國在內的歐洲列強在此地投下鉅額資金，如果江戶因新政府軍的總攻擊而面目瘡夷，難免會波及到橫濱，投入的資金不僅毀於一旦，更將損及列強在日本的利益。

西鄉吉之助（西鄉隆盛）

巴夏禮言詞雖提及不可傷害慶喜，然其言下之意是要西鄉不得對江戶發動總攻擊，雖然接見西鄉派出的使者只有巴夏禮一人，不過，不難想像巴夏禮這番話必然也是各國公使的心聲。在這種情形下，西鄉若仍執意進攻江戶，便是擺明與歐美列強為敵，倘若不依歐美列強之言，而使其以實際行動支持幕府，新政府鐵定毫無勝算。

西鄉最後只能同意巴夏禮的建言，而且還不能表現出屈從其「恫嚇」，恰巧隔日與勝海舟會談，西鄉便藉由被勝對主君的忠心及其表現在外的武士精神所感動，故而打消對江戶城的總攻擊，成就雙方在歷史的留名。

四月十一日，幕府正式交出江戶城，城內的幕閣及大奧紛紛遷出，慶喜則轉往水戶謹慎，幕府長達二百六十五年的統治在這一日畫下句點。

《五條御誓文》及《五榜揭示》

與西鄉和勝會面的同日，祐宮（明治天皇）率領新政府總裁、議定、參與諸職，及朝廷公卿、討幕派大名共五百四十四名於御所裡的紫宸殿（歷任天皇行即位之禮等重要儀式之場所），向天神地祇祭祀，由總裁局副總裁三條實美代替不到十六歲的祐宮宣讀由有栖川宮熾仁親王揮毫的誓文。

即有名的《五條御誓文》，該誓文最初由越前藩士三岡八郎（由利公正）起草，之後交由土佐藩的飽學之士福岡藤次（孝弟）修改，最後再由新政府參議兼總裁局顧問木戶準一郎（孝允）刪減成為三月十四日三條實美宣讀時的版本。

經過多次的修改，《五條御誓文》在天皇權威與對民眾和列強傳達開明政治之間取得平衡。同日（一說隔日），新政府在京都通往各地的街道豎立高札，稱為《五榜揭示》。

若將《五條御誓文》比喻為開放進取、破除陋習求知識於世界，那麼《五榜揭示》便是封閉退縮、除改朝換代外一切如故。《五榜揭示》的內容只有第一榜和第四榜具正面意義，然而，第一榜——包含被稱為「永世之定法」的前三榜——的內容乃是幕府時代定為官學的朱子學（儒學）道德綱目，幕府提倡五倫，與其說是重視倒不如說是更利於其統治；至於禁止對外國人施暴

幕·末·開·講

《五條御誓文》內容

一、廣興會議，萬機決於公論。
二、上下一心，盛行經綸。
三、官武一途，至於庶民，各遂其志，要使人心不倦。
四、破舊來之陋習，基天地之公道。
五、求知識於世界，大振起皇基。
為達成我國未曾有之變革，朕躬先於眾民，向天地神明立誓，大定國是，以立保全萬民之道。爾等臣民也應基於此旨趣，協心努力！
（第五條後的文句為明治天皇的親筆信）

《五榜揭示》內容

一、（一）正五倫之道。
（二）憐憫鰥寡孤獨廢疾者。
（三）勿做殺人放火盜財之事。
二、勿樹黨強訴或相率離去田里。
三、嚴禁切支丹邪宗門。
四、禁止對外國人施以暴行。
五、禁止領民個人逃亡。
（前三榜為永世之定法，後二榜為暫定的揭示）。

也是出於慶應四年以來相繼發生神戶事件、堺事件、巴夏禮襲擊事件等多起傷害外國人事件，而遭致外國公使多次抗議之故。

另外，第三榜的內容顯然將切支丹（天主教）與邪宗門（邪教）等同視之，不意外立即召來各國公使的抗議。為了得到列強的承認，新政府不得不在《五榜揭示》頒布後的四十餘日（閏四月四日）做出更正：邪宗門依舊嚴禁，切支丹的禁令予以放寬。

之後的影響

鳥羽伏見之戰獲勝後，原本騎牆觀望的藩爭相加入，士氣高昂的新政府立即組織東征大總督府，兵分北陸、東山、東海乘勝追擊。雖然北陸軍因故未能在約定日期（三月十四日）會合，但光憑東山、東海二路足以震驚幕府，迫使其與大總督府參謀西鄉進行無血開城的談判。

不過，幕府部分旗本、御家人及海軍成員認為幕閣過於軟弱，在達成江戶無血開城後逃出江戶，據守關東各地抵抗新政府軍。這些遊走關東各地的幕府餘黨自是新政府軍掃蕩的對象，然而，新政府對於關東、北陸、奧羽等地諸藩卻未有爭取（或至少使其保持中立）的行動，反而將他們往對立的陣營推去，使戊辰戰爭橫跨到下一個年度，不僅延遲全國的統一，更造成人力、物力無端的犧牲耗費。

《五條御誓文》頒布的用意旨在安定人心，不只安定國內（新政府治下或幕府領內）人心，更要爭取外國公使的認同，各條文的內容與其說是向天神地祇立誓，擘劃未來願景，不如說是在編織一場他們自己也不認同的幻夢。然而，誓文第一條「廣興會議，萬機決於公論」卻成為明治初年自由民權運動追求成立民選議院與二戰之後追求民主自由的依據，這恐怕是此時草擬《五條御誓文》的三岡、福岡、木戶等人無法想像的吧！

《五條御誓文》、《五榜揭示》頒布後約一個半月（慶應四年閏四月廿一日），新政府在根基日益鞏固的情形下頒布改組政體的《政體書》。《政體書》廢除原先職權不清與重疊的三職（總裁、議定、參與）八局（總裁局、神祇事務局、內國事務局、外國事務局、軍防事務局、會計事務局、刑法事務局、制度事務局）制，改置太政官，太政官分立法、行法（行政）、司法三權，無偏重之患。

此後，太政官代替三職八局成為新政府的最高統治機構，之後太政官進行數次改組，但也限於增設部門或將職權相近的部門進行合併，直至明治十八（一八八五）年十二月二十二日為內閣制度所取代。

戊辰戰爭結束

事·件·小·檔·案

時間：慶應四年（明治元年）至明治二年（一八六八—一八六九）
雙方：新政府、幕府
結果：新政府方勝利
影響：日本近代最久的內戰，戰後仍對立嚴重。

上野戰爭及關東地區戰事的結束

從京都、大坂前線等地撤回的，或是在甲斐一帶撤回的幕府軍或其他諸隊，無不想在江戶與新政府軍再戰一次扳回顏面，然而，在西鄉與勝的無血開城談判後已不可能。未經一戰便開城降伏，讓他們難以接受，紛紛出走盤據關東大地頑抗新政府軍。

雖然每一股勢力都不大，但若任由盤據關東各地的勢力串連起來也足以成為燎原之患，是以新政府不斷外派聚集在江戶的兵力，且隨著幕府軍勢力散布關東各地而遠離江戶。新選組在甲斐勝沼之戰敗北後短暫返回江戶，鑒於即將到來的江戶無血開城，新選組內部意見分歧，決定另闢戰場的近藤勇於四月初在江戶東邊被捕，四月廿五日遭到斬首，房總地區就此底定。

南關東底定後，幕府軍的生存空間僅存北關東（下野、常陸二國），雖在初期與新政府軍在宇都宮城攻防戰呈現膠著，但在新政府軍不斷增援下，幕府軍從宇都宮往北經白河關進入奧羽。截至慶應四年五月初，關東地區的幕府軍勢力僅剩困守上野的彰義隊。

彰義隊最初的成員為不滿慶喜被朝廷操弄為朝敵，返回江戶後在寬永寺隱居謹慎的前一橋家家臣。然而，一橋家家臣人數畢竟有限，為擴大勢力，擴大成立宗旨為針對新政府軍欲對江戶發動總攻擊而不惜與之一戰，此舉吸引不少不滿幕府高層軟弱的旗本、御家人相繼加入。大約在無血開城談判後，宗旨又更改成維持江戶治安、打擊趁亂橫行的盜賊，如此一來加入成員擴及至町人、俠客（賭客）及亡命之徒，隊伍也膨脹到上千人，原一橋家家臣將這支隊伍賜名「彰義隊」。

新選組

接收江戶城的新政府軍當然不容許彰義隊的存在，不過，當初東征大總督府下的東山、東海二道軍多已派往關東各地平亂，留守江戶的兵力不足以強攻恃上野台地之險據守的彰義隊（也與此時江戶沒有傑出指揮軍隊人選有關）。四月廿七日，長州藩士大村益次郎（村田藏六）被任命為軍防事務局判事前來江戶，同時整頓大總督府內蔓延的頹廢、享樂之風。

經過一番整頓後，五月十五日，大村率軍兵分三路包圍上野台地，雖有薩摩藩帶來的七門大砲猛轟，但對於居高臨下的彰義隊影響有限，到了中午依舊是彰義隊佔上風。此時大村決定將佐賀藩研發的兩門阿姆斯壯砲投入戰局，阿姆斯壯砲不管是射程或威力都非薩摩的大砲可比擬，命中彰義隊的陣地後造成重大傷亡，彰義隊的士氣嚴重受挫，也決定了上野戰爭的勝負。這一日，整個江戶和關東地區完全平定，不服新政府（此時已改名太政官）的幕府軍勢力往北竄至奧羽地區，繼續對抗太政官。

奧羽越列藩同盟覆滅與奧羽地區平定

接收江戶城及底定關東後，由於主要敵人已經垮台，太政官應偃息武備，向尚未降伏的奧羽、越後等地下令歸順。然而，新政府軍東征主要目的不止於滅亡幕府，還要征討幕末期間讓大批長州攘夷志士付出性命的「一會桑政權」，在慶喜、松平定敬降伏後，征討松平容保及其所屬的會津藩才是長州派出大量兵力行進大半個日本遠征的主因。

早在二月時，松平容保、定敬兄弟已繼慶喜之後先後被宣告為朝敵，也預告新政府軍不會在接收江戶城後止步，而是繼續沿著白河關直指會津。新政府軍粗暴的舉動反而激起奧羽諸藩的反感，在閏四月十日及閏四月廿三日，兩次共有仙台、米澤、盛岡、久保田等二十五個奧羽地區大大小小的藩派出代表在仙台藩領的白石聚會，一致認同新政府軍以及背後的太政官應對會津、庄內二藩寬大處置，為此成立了奧羽列藩同盟。

五月六日，東征大總督府轄下的北陸鎮撫總督府對越後發起攻擊，越後境內六個小藩向奧羽列藩同盟求援並加入該同盟，於是奧羽列藩同盟擴大為奧羽越共三十一個藩的列藩同盟。

進入六月，同盟推舉從上野戰爭中逃出的關東唯一親王門跡（皇族、公卿擔任住持的特定寺院，地位高於一般寺院）輪王寺宮公現入道親王（明治時代的北白川宮能久親王），取代原先仙台藩主伊達慶邦作為同盟盟主。輪王寺宮出自四世襲親王家筆頭伏見宮，是先帝（孝明天皇）猶子且又是關東地區唯一的皇族門跡，自然會被佐幕傾向濃厚的奧羽越列藩同盟擁立與朝廷的祐宮互別苗頭。

不過，看似陣容壯大的奧羽越列藩同盟並非沒有隱憂，同盟中超過十萬石以上的藩屈指可數，十五萬石以上的更只有仙台、久保田、盛岡、米澤四藩，除此之外都是十萬石以下的小藩。這些小藩能動員的兵力有限，之所以加入同盟，與所處位於佐幕立場居多的奧羽地區不無關聯，只要作戰不順或者戰事拖長，這些小藩就會與戰國時代的國人眾、地侍一樣一夕間便易幟、倒戈到對方陣營。

同盟成立後接踵而來的北越戰爭、庄內戰爭及會津戰爭等役，同盟凸顯出政令不一、各自為戰的缺點，以至於上述戰役雖打得有聲有色，最後仍在新政府軍優勢的裝備及源源不絕的援助下紛紛敗下陣來。

會津戰爭失敗即將進入籠城戰（同時間北越戰爭已經結束，而庄內戰爭也大致底定）的九月十八日，奧羽越列藩同盟盟主輪王寺宮公現入道親王向奧羽鎮撫總督降伏，多達三十一藩、遍及陸奧、出羽及越後（相當於現在的青森、岩手、秋田、山形、宮城、福島、新潟等縣）的奧羽越列藩同盟隨之瓦解。

明治元年（慶應四年九月七日改元明治）十一月二日，東征大總督有栖川宮熾仁親王凱旋來到東京（江戶在同年七月十七日改名東京）向已即位的明治天皇報捷，並歸還二月時授予的錦之御旗和節刀，以示東征任務的完成（然而，幕府殘存勢力尚盤踞在蝦夷地南部）。十二月七日，廣大的陸奧、出羽二國被劃分為以下諸國：

陸奧、陸中、陸前、磐城、岩代（以上屬舊陸奧國）、羽前、羽後（以上屬舊出羽國）。

蝦夷政權的建立與覆滅

依西鄉和勝達成的協定，幕府陸海軍除部分予以保留外，其餘理應在四月十一日新政府軍接收江戶城時一併交出。但實際上如本章所述，部分陸軍逃出江戶城，在關東各地頑強對抗新政府軍；海軍方面僅只交出八艘船艦中的一半（而且還是老舊殘破的一半），另外四艘則由海軍副總裁榎本武揚繼續停泊在品川沖，與盤據上野的彰義隊，成為接收江戶的新政府軍權力不能及之處。

關注榎本動向的新政府，不斷要前幕府陸軍總裁勝海舟寫信勸降榎本，但榎本都未予以正面回應。進入同盟在各地戰役受挫的八月中旬，榎本率領八艘船艦組成的艦隊（四艘軍艦開陽丸、回天丸、蟠龍丸、千代田形以及四艘運輸艦長鯨丸、美賀保丸、咸臨丸、神速丸）離開江戶灣北上停泊日本三景之一的松島外海。由於幾乎沒有發生海戰，榎本艦隊空有噸位龐大的艦隊也無法有效打擊新政府軍。到會津戰爭即將結束的九月十八日，榎本再次拒絕新政府軍的勸降，再次率領艦隊北上來到宮古灣（岩手縣宮古市），在這裡補充淡水、薪炭、整修船艦並接納同盟其他藩的大小船隻。在奧羽各地作戰的幕府成員如大鳥圭介、土方歲三等數百人也紛紛率領殘部到此與榎本會合（會合後人數來到三千二百餘人），並於十月十八日朝蝦夷地（現北海道）而去。

廿一日在蝦夷地南部上岸立即討伐該島唯一且是支持新政府的松前藩，以迅雷不急掩耳的速度於十一月廿日接受松前藩兵的降伏，全境底定（當時松前藩全境介於現函館市到江差町之間）。接著在十二月中旬（或下旬），跟隨榎本前來的官兵進行日本史上第一次投票選舉，選出榎本武揚為總裁、松平太郎為副總裁、大鳥圭介為陸軍奉行、荒井郁之助為海軍奉行，這個以榎本為領導人的政權被稱為「蝦夷政權」或「蝦夷共和國」。

太政官雖想繼續追擊「蝦夷政權」，但北國的寒冬以及隔開蝦夷地與日本本土的津輕海峽讓新政府軍只能留待來年春暖花開之時再行征討。

等待春暖花開時節期間，太政官達成與英、法、美等列強交涉撤除局外中立的協定，依該協定接收橫濱各國公使館讓渡的鐵甲船艦石牆號（Stonewall）。在蝦夷政權成立之際，因意外導致將近三千噸的開陽丸沉沒，如今太政官接收可說是無堅不摧的石牆號，勢力一消一長下，面對即將攻來的新政府軍，僅剩三艘軍艦的蝦夷政權只能坐以待斃。

明治二年三月廿一日，新政府軍以甲鐵艦（接收石牆號後的改名）為首共八艘船艦在宮古灣集結準備前往蝦夷地，雖然之間蝦夷政權曾率眾（土方歲三）突襲，終究是強弩之末。四月九日，新政府軍艦隊在江差登陸，歷時一個多月的作戰，最終於五月十七日在箱館（函館）接受蝦夷政權總裁榎本武揚等人的降伏，歷時一年五個多月的戊辰戰爭全部結束。

之後的影響

戊辰戰爭是日本近世以來歷時最久的內戰，除動員的兵力略遜於島原之亂外，不論是裝備、糧食及軍費都是空前規模，當然也包括造成的傷害，不僅止於當時，還延續至今。

戊辰戰爭的主要目的為消滅幕府，這點在慶喜謹慎及接收江戶城後已然達成，至此應斷然結束戰爭才是。然而，主導維新回天的薩長成員——尤其是長州——堅持嚴懲會津，不能放下私仇的薩長硬是讓戊辰戰爭延續一年多（如北越戰爭原本可避免，但該役卻是整個戊辰戰爭中最為激烈的戰役之一），徒然造成更多的人命、物資及金錢的消耗。在戰爭中新政府軍的蠻橫及戰後的燒殺和處置上（例如將會津藩遷徙到下北半島改名斗南藩，石高從二十三萬石削減至三萬石）更是讓奧羽越地區的居民難以消除對以薩長為主的太政官的怨恨。雙方的仇恨歷經大正、昭和、平成等時代持續至今，山口縣萩市（江戶時代長州藩城下町）於昭和末期有意與福島縣會津若松市（會津藩城下町）締結為姊妹市，但為會津若松市一口回絕。

雖因為戰爭而造成對立恩怨，但總算在歷經一系列的戰役後終結幕府的體制，獲勝的薩、長、土、肥四藩取代幕府領導新時代，儘管其上還有天皇、公卿及大名，但天皇統而不治，公卿與大名除岩倉具視等少數人外皆無治國才能，這四個藩的下級藩士掌握實權，成為真正的統治者。

奠都東京

事・件・小・檔・案

時間：明治二年（一八六九）
人物：明治天皇
過程：江戶改名東京，朝廷從京都移往東京
影響：日本從此進入東京時代，由近世進入近代。

江戶改名東京

上野戰爭結束後，東征大總督府立即於江戶設置鎮台，由大總督有栖川宮熾仁親王兼任，並以佐賀藩士江藤新平為鎮台判事，鎮台下轄社寺、市政、民政三裁判所以取代幕府時代的寺社、町、勘定三奉行。

之後太政官先後派出三條（實美）、大久保（利通）、木戶（準一郎，之後的孝允）等重要成員先行前來江戶，為了之後祐宮東巡，徵求大總督府要員的同意。得到大總督府要員有栖川宮、西鄉、江藤新平的首肯後，三條等人心滿意足地返回京都召開朝議，並於七月十七日頒布詔書談及「江戶乃東國第一大鎮，四方輻輳之地，宜親臨以視其政。是以江戶自今改稱東京，……」。

這一紙詔書讓江戶走入歷史，代之而起的是東京。也在這一日廢棄江戶鎮台，改置東京鎮將府，由有栖川宮兼管。東京鎮將府負責管轄駿河以東諸國，包括陸奧、出羽、常陸、下總、上總、安房、下野、上野、武藏、相模、伊豆、甲斐、越後等十三國政務（包含軍政與民政），與平安時代的鎮守府（長官為鎮守府將軍）、室町時代的鎌倉府（長官為鎌倉公方）幾無二致。

從東京鎮將府的設置可看出，「東京」雖蘊含東邊的京城之意（相對於稱京都為「西京」），實則其軍事上的意義恐大於政治上的意義。

祐宮即位及改元

祐宮於慶應三年一月九日以十六歲（實歲十四歲）踐祚（天皇崩御或讓位時，由皇位繼承人繼承皇位），雖然戰亂尚未底定，但踐祚一年多迄今尚未即位（繼承三大神器並登基）在歷史上畢竟罕見，因此祐宮的即位之禮已是刻不容緩。

慶應四年八月廿七日，御所的紫宸殿（《五條御誓文》的頒布地）舉行祐宮的即位禮，時任議定兼輔相的岩倉具視決定捨棄中世以來的唐風禮服冕服（包括冕冠、袞衣），代之以和風黃櫨染御袍束帶裝，並成為往後的慣例，同時也將祐宮的天長節（天皇的生日，和曆九月廿二日，明治六年採用格列高里曆後為十一月三日）定為國定假日。

即位禮結束後，祐宮成為名正言順的天皇，使用一年多的先帝時期年號慶應，已不適用祐宮的治世，斷然於九月七日廢棄。翌日，出自《周易．說卦傳》明治（聖人南面而聽天下，嚮明而

江戶城改名為東京

治）成為新年號。同日還頒布一道名為《一世一元詔令》，提及「自今以後……一世一元，以為永式。」因此九月八日便成為改元明治的首日，從此一世一元制成為常態，故從明治起，年號也改稱元號。

兩次行幸東京

儘管已即位、已更改新元號，天皇卻不曾造訪東京。明治元年九月廿日，在幾名公卿、大名和多達三千三百名兵力的警備下，明治天皇從京都出發行幸東京，雖非天皇首次離開御所，卻是首度離開畿內，前往剛納入統治之下的關東。

十月十三日，浩大的天皇陣仗進入東京，此為史上首位進入東京（江戶）的天皇。天皇此次行幸滯留近兩個月，除了接見外國使節、行幸武藏國一宮冰川神社（埼玉縣埼玉市大宮區高鼻町）、會見凱旋歸來的東征大總督有栖川宮熾仁親王．會津征討總督仁和寺宮嘉彰親王以及留在東京的姑母靜寬院宮（和宮）外，便是宣布以江戶城西丸御殿作為皇居（文久三年十一月炎上的本丸此時尚未重建），並改稱東京城及廢除改名東京同日設置的東京鎮將府。

以江戶城西丸御殿為皇居有天皇定居在此的意涵，廢除東京鎮將府則有天皇將直接統治東京、甚至整個關東的企圖，這兩個舉動暗示天皇以親裁萬機的國家實際統治者身分定居東京。國家統治者定居東京，其言下之意為天皇將離開京都，定都東京。

十二月七日太政官發出東京城營造為宮殿的布告，不僅作為來年天皇再次行幸的設施，甚至還暗示了遷都東京的意圖。然而，翌日太政官卻安排天皇還幸（同月廿二日返回御所），不過，太政官底下負責外交事務的外國官（外務省的前身）先行遷至東京，前章談及與列強公使撤除局外中立的談判，便是從東京前往橫濱進行交涉。

進入明治二年，太政官於二月十八日發出布告，天皇再次行幸東京的日期為三月七日，同月廿四日新政府最高機構太政官先行遷往東京。到了三月七日，天皇再次行幸東京，未先行遷往東京的太政官成員亦在此次隊列中。為防範京都生變，刻意留下幕府時代曾任關白的鷹司輔熙留守，並留下部分公卿及薩長藩士協助鷹司前關白。

由於戊辰戰爭尚在進行中，經費拮据的太政官不再安排行幸沿途獎賞當地的耆宿、孝子、節婦，不過，天皇的隊列特別前往伊勢神宮進行參詣。儘管有這一插曲，天皇的隊列仍於同月廿八日抵達江戶，比上次行幸快了一至兩日。抵達江戶的同日，皇居改為皇城，取代御所成為天皇的長居之地，此次行幸沒有還幸日期，天皇從此在東京定居下來。

奠都東京

太政官移往東京後，需要土地與建物作為太政官各部門的官廳，當時苦於費用不足無法大興土木，然而，倒是有不少幕府時代大名屋敷等現成建物可供徵收，因此初代東京府知事烏丸光德（公卿）徵收位於江戶城幸橋門內的大和郡山藩上屋敷（千代田區內幸町一丁目）作為東京府廳。

徵收大名屋敷作為官廳既能解決燃眉之急，又無須消耗太多經費，而且距離皇城近，可說收到一舉數得之效。是以繼烏丸光德後的第二任東京府知事大木喬任（佐賀）蕭規曹隨，繼續徵收位於大名小路上的幕府時代大名屋敷（約介於千代田區丸之內町、大手町與有樂町之間）。於是大手町的姬路藩邸成為大藏省與內務省、小倉藩邸成為文部省、丸之內町的岡山藩邸成為司法省、有樂町的鳥取藩邸成為陸軍省。

大名屋敷因佔地廣大成為太政官各部門官廳，佔地較小的旗本屋敷則被作為太政官成員的私宅。此類徵收是改朝換代幾乎會出現的戲碼，雖是無奈，卻也是時代前進的必要之惡，東京作為首都的政治機能，便在大名及旗本屋敷改弦更張為太政官部門官廳及成員私宅的情形下日趨健全。

儘管東京因太政官各部門的遷徙而健全首都條件，太政官仍不敢以天皇名義下達遷都詔書，而是使用較為模稜兩可的「奠都」（因此沒有遷都東京、只有奠都東京的詔書）。按字義解釋，遷都有從甲地遷徙到乙地之意，奠都則是直接以某地作為首都，使用奠都而不用遷都正是為避免讓京都民眾產生被天皇拋棄的感覺。不僅如此，對於天皇沒有還幸京都，太政官以戊辰戰爭尚在進行中，以至於沒有足夠的經費可以還幸為由推託。

奠都東京使大君之都江戶蛻變成天皇之都東京，日本從此進入東京時代。不過，之後的大正、昭和兩天皇依舊在京都即位，到平成天皇（現為上皇）才是首位在東京皇居即位的天皇。

之後的影響

京都因是千年古都，纖細的公家文化氣息濃厚，不利於標榜「破舊來之陋習、求知識於世界」的太政官推動政務。相較之下，歷經幕府二百餘年的建設，江戶（東京）的規模、腹地及建設皆不輸京都，並有靠近開港地兼公使館聚集地橫濱的優點，在吸收西方新知及與列強交涉上完勝京都，是最適合推動殖產興業、富國強兵、文明開化等明治維新三大主張的理想地點。

奠都東京後，日本從近世進入近代，不僅與歐美世界接軌，歷經明治一代的努力，完全廢除安政年間加諸在日本身上的不平等條約，甚至自己也成為有能力對外侵略、用兵的軍事強國。然而，過與不及皆不利於國家的發展：幕末時期明顯落後世界，以至於引起列強的覬覦，差點步上多數亞洲國家淪為列強殖民地的後塵；明治以後過於追求富國強兵，國是富了，兵也強了，民卻窮了，反而成為窮兵黷武的代表國家，最終招致國家戰敗的慘況，明治以來建設的東京也淪為一片廢墟。

封建體制的瓦解

事・件・小・檔・案

改革：版籍奉還與廢藩置縣

過程：為了排除雄藩大名，施行版籍奉還，隨後進一步施行廢藩置縣

影響：完成中央集權，為了轉移士族怨氣，開始朝國外強硬擴張

版籍奉還

王政復古後，政治體制從源賴朝以來的武家政權轉變為天皇親政已成定局，但問題在於此時祐宮手邊及朝廷毫無一兵一卒，也無可用以封賞的領土。效力祐宮並與幕府作戰的兵力完全出自薩、長、土、肥及觀望時勢後認為投靠朝廷較為有利的其他諸藩，只要天皇與薩、長、土、肥的利益出現衝突，難保不會重蹈後醍醐天皇與足利尊氏的覆轍。

即便雄藩大名無意仿效足利尊氏（不成立武家政權），也會因戰功受到重賞。如此一來，天皇親政斷無實現可能，甚至淪為雄藩聯合——進而雄藩對抗——的型態，天皇也將淪為雄藩的傀儡或其搶奪的對象。

為避免雄藩大名威脅到天皇親政，諸藩藩士謀劃排除天皇親政障礙的大名，並在天皇行幸東京期間提出諸藩大名返還領地與人民於朝廷的版籍奉還。不過，版籍奉還的推動在天皇首度行幸東京之前已在進行，明治二年一月十四日，薩摩的大久保利通聯合長州的木戸準一郎．廣澤真臣及土佐的板垣退助以各自藩主之名義在京都提出返還領地（版）

與人民（籍）的建白書。

之後佐賀也加入薩、長、土的行列，一月廿日四藩藩主聯名提出返還領地與人民於朝廷的建白書。既然新政府軍主力薩、長、土、肥四藩已主動提出，其他藩也只好跟進表達返還的意願。到了奠都東京的五月初，全國已有超過二百六十個藩同意版籍奉還，反對的藩不超過十個，挾如此強大的「民意」，照理太政官不應只滿足於版籍奉還，而是採取更為徹底的廢藩。然而，沒有武力為後盾的太政官，不敢採取斷然處置（廢藩），即便以四藩藩主名義的建白書送到眼前，仍要派出敕使前往薩、長二藩徵求島津久光、毛利敬親的諒解，甚至還力邀二人陪同天皇行幸東京（二人以疾病為由婉拒）。

明治天皇

既已決定版籍奉還，藩主階級該如何處置，成為接下來幾個月太政官的重點，最後大久保利通的主張蓋過木戶準一郎，為太政官所接受。他主張為穩定地方局勢起見，知藩事（版籍奉還後藩的長官）仍由原先藩主世襲，而非透過依《政體書》成立的公議所進行選舉，換言之，版籍奉還後只是將藩主的名稱改為知藩事，其餘照舊（包括世襲制度）。

六月十七日，太政官正式接受全國約二百七十個藩藩主提出的建白書，太政官為安撫這些舊時代的統治階級們，同意依舊讓他們擁有領地與人民，只是名稱由藩主改為知藩事。幕府時代的家老、參政等名稱改為大參事、權大參事、少參事、權少參事，依舊肩負輔佐知藩事治理地方之責，亦即除更改名稱外一切照舊，惟，知藩事不採世襲制，而由太政官掌控任命權，是與大久保的主張唯一不同之處。

不過，版籍奉還倒也非一無是處，進一步整合藩、府、縣（藩指大名的支配領域或旗本及寺社的領地，府和縣指幕府天領），為之後的廢藩置縣鋪路。

另外，廢除公卿及大名的稱呼，公卿不論家格、大名（包括三家、三卿、家門、連枝及支藩）不論與將軍關係的親疏及其石高多寡，兩者合稱華族（另包含大身旗本）。至於多數的旗本、御家人、地下人（非堂上公卿的公家）、大名一門眾（大名非支藩的兄弟）、家老、平士（普通身分藩士）、公家家來和寺院使用人屬武士的階層被稱為士族。非藩士階層（如鄉士、足輕）或家老的家來、屬於武家奉公人的中間（奉公的百姓，平時打雜，戰時充當小兵）、小者（侍奉武家的臨時工，有時亦充當臨時同心職務）或奉行所的與力、同心則編入卒族。

版籍奉還後，太政官要求知藩事調查藩內的石高、人口、戶數、物產，作為掌控各藩整體狀況的依據。太政官決定以藩實高（實際收入）的十分之一作為知藩事的俸祿，剩下的十分之九用在支付藩債及藩的開銷上，前兩項有剩餘時則作為士族的俸祿。

廢藩置縣

從前節說明可知版籍奉還並沒有摧毀封建制度（只是將藩主的名稱改為知藩事），對近代國家的建立僅止於太政官任命知藩事這點，為了落實「破舊來之陋習、求知識於世界」，有必要在版籍奉還的基礎上進行更為徹底的變革。

之所以採取折衷的版籍奉還在於沒有武力為後盾，導致太政官不敢貿然從大名手中收回領地與人民；沒有領地與人民，太政官就沒有經濟來源與兵源，也就沒有金錢與武力推動近代化，如此惡性循環最終將一事無成。為此太政官需要一個可以破除上述惡性循環的關鍵人物，太政官的實力派大久保、木戶、岩倉等一致認為關鍵人物正是此時在薩摩任大參政的西鄉隆盛，只要他出仕太政官便可一舉解決上述問題。

明治三年十二月廿三日，岩倉以敕使身分來到薩摩，懇求島津久光．忠義父子同意讓西鄉出仕太政官。久光在得到西鄉不會推動包括廢藩置縣在內有損薩摩藩利益等施政的承諾後，同意岩倉敕使的要求。岩倉另外向西鄉要求選取部分藩兵前往東京戍守帝都，也得到西鄉來年率領部分藩兵上京的承諾。岩倉接著陪同木戶、板垣前往長州、土佐拜會當地知藩事（原先的長州、土佐藩主），得到與西鄉一樣的承諾後，完成使命的他們心滿意足地返回東京。

明治四年六月，薩、長、土各自貢獻如下的藩兵：

薩摩——步兵四大隊、砲兵四隊。

長州——步兵三大隊。

土佐——步兵二大隊、騎兵二小隊、砲兵二隊。

上述兵力共約八千人，是東京（帝都）最初的防衛兵力，稱為御親兵。薩摩出兵三千一百餘名，多出長州、土佐，因為西鄉登高一呼，長州、土佐才會跟著響應，因此指揮御親兵一職的近衛都督非由西鄉出任不可。

有了御親兵為後盾，太政官便敢於七月十四日於東京先行召集薩、長、土、肥四名知藩事商討廢藩之事，四名知藩事沒有異議，廢藩遂成定案，四藩如此，其他二百多藩跟進。到了七月底完成廢藩，改置一使（北海道開拓使）、三府（東京、京都、大阪）及三百零二縣，由於行政區過多，因此不斷兼併，到年底剩一使、三府、七十二縣（明治廿一年起為一道、三府、四十三縣）。

同月底，太政官制進行微幅更動，原先的二官（神祇官、太政官）六省（民部、大藏、兵部、刑部、宮內、外務）將神祇官降為省，而太政官則由正院（統轄政務機構）、右院（起草當務的法案及審議各省議事，下轄大藏、兵部、外務、司法等省及開拓使，另新設文部、工部二省）、左院（執掌立法等事項）構成。

此次的更動讓太政官制更為健全，更能適應更為繁複、瑣碎的政務，加上內部已解決中世紀以來綿延數百年之久的封建制度，「破舊來之陋習」的階段已然完成（實則不然），接著而來的是朝「求知識於世界」的目標前進。

之後的影響

廢藩置縣的完成意味太政官取得完整的地方官任命權（完成中央集權），能成為地方官的人選當然是太政官心腹，透過地方官的任命太政官達到對地方的控制，且又因地方官是由太政官任命，因此地方官只需向太政官負責即可（明治六年十一月以後改向內務省負責）。

由於在版籍奉還、廢藩置縣的過程中禮遇大名（將其編為華族，並提撥藩實高的十分之一為俸祿），因此幾乎沒有激起這一階級的反感。士族則不然，實高的十分之九扣除藩債及藩的開銷後才是其俸祿。儘管廢藩置縣後少掉藩債（太政官概括承受）及藩的開銷，日本財政依舊吃緊，只能從戊辰戰爭的死者及傷者的撫恤金和為數眾多的士族俸祿著手，士族俸祿便因「共體時艱」而被犧牲部分。之後數年太政官頒布《秩祿處分》又犧牲士族的部分俸祿，導致士族中的大部分處境比幕府時代更為窮困。

士族的信念在明治時代也受到極大動搖。多數士族看不慣幕府奉行開國主張，希望在改朝換代後能重啟鎖國。然而太政官卻全面主張西化，不僅繼續敞開國門，還計畫性的引進歐美制度、技術到日本來，為此還聘請一大群技術性人員進入日本。另外，變本加厲的推動有損士族權利的政策，如禁止試刀．仇討、剝奪苗字．騎馬的資格、頒布散髮的相關法令、准許平民遷徙・婚配・選擇職業的自由、禁止配刀（著大禮服的官員、尉級以上的軍官、警察除外），維新回天不過數年，士族的特權被剝奪殆盡。

對太政官失望透頂的士族，冀望有再次表現的舞台，因此他們寄希望於甚囂塵上的征韓論及主張該論的參議西鄉隆盛（西鄉與士族主張的征韓論內容有所不同），就算未必能立功，至少也可死得其所。

然而明治六年（一八七三）的征韓論爭（明治六年政變），斷送的不僅是西鄉的政治生命，還有不平士族躍躍欲動的雄心。眼見政變後的太政官打著內治優先的口號，不平士族遂於鎮西（九州及靠近九州的本州部分）各地發起反亂。其中以明治十年二月擁戴西鄉隆盛前往東京質問太政官的西南戰爭勢力最浩大，幾乎傾全國六大鎮台（仙台、東京、名古屋、大阪、廣島、熊本）、警察及各地士族（尤以戊辰戰爭敗北的奧羽士族）之力，歷時七個月才予以平定。

之後的日本儘管還有百姓一揆（農民不滿繳納現金的地租而發起的暴動）、為爭取民選議院發起的自由民權運動、不滿為條約改正而同意裁判所（法院）聘用外國籍法官而發起三大事件建白（另外兩件為保障言論自由、減輕地租），不過太政官（也包含內閣）發現，只要日本在國際上遇到挫折，受到刺激的民眾立刻團結起來，同仇敵愾要求政府對外強硬。

朝鮮發生的壬午・甲申兩次亂事如此，日清之役如此，日露之役亦如此，對外強硬（或擴張）成為凝聚國內團結、轉移朝野矛盾或解決國內經濟不振的最好解方，明治中期到戰敗為止的昭和初期皆以此方作為最高原則，大日本帝國也因為過於迷信此一法則而招致滅亡。

幕末簡略年表

年	月	關鍵事件紀要
嘉永六年（一八五三）	六月三日	美國培理准將率四艘黑船深入浦賀灣（黑船事件）
嘉永七年／安政元年（一八五四）	三月三日	幕府代表與培理簽訂《日美和親條約》（《神奈川條約》）
安政三年（一八五六）	七月廿一日	美國任命哈里斯（Townsend Harris）為首任駐日領事
安政四年（一八五七）	十月廿一日	哈里斯在江戶城謁見將軍（家定），此乃外國使節中的首位
安政五年（一八五八）	一月	幕府與哈里斯簽訂《日美修好通商條約》
	四月	譜代筆頭彥根藩主井伊直弼被任命為大老
	六月廿五日	井伊大老在江戶城向諸藩大名宣布德川慶福為將軍繼承人
	七月	十三代將軍家定與薩摩藩主島津齊彬相繼去世
	九月起	安政大獄，皇族、公卿、大名、諸藩藩士及平民為京都所司代逮捕
	十二月	西鄉吉之助（隆盛）被流放到奄美大島
安政六年（一八五九）	十月	執行安政大獄的處分，橋本左內、吉田松陰等人處以斬首刑
安政七年／萬延元年（一八六〇）年	三月三日	櫻田門外之變，井伊大老在登城途中於櫻田門外遭到十餘名水戶薩摩藩士刺殺
	十月十八日	天皇敕許將軍（家茂）與和宮的婚約

文久二年（一八六二）	一月十五日	坂下門外之變，安藤信睦老中首座遭到刺傷
	二月十一日	家茂與和宮完婚
	三月廿四日	土佐下士坂本龍馬脫藩
	四月廿三日	寺田屋事件，島津久光下令肅清藩內的攘夷派
	五月廿二日	島津久光護衛敕使前往江戶督促幕府進行改革（六月抵達江戶）
	六月	西鄉吉之助再次流放，流放地為德之島（後再轉往沖永良部島）
	七月廿日	京都市內發生首起天誅事件
	八月廿一日	生麥事件，四名英國男女因亂入島津久光的隊列遭到薩摩藩士砍傷，釀成一死二傷的慘劇
	十月	土佐藩主山內豐範護衛敕使前往江戶要求幕府提出具體攘夷的日期
	十二月	長州藩士高杉晉作率藩內年輕的攘夷派燒毀位於高輪御殿山的英國公使館
文久三年（一八六三）	二月十三日	十四代將軍家茂上洛，此為自三代將軍家光以來相隔近二百三十年的首次將軍上洛
	三月十一日	天皇與將軍同框行幸賀茂社
	四月十一日	一橋慶喜代替將軍行幸石清水八幡宮（慶喜臨時亦以肚痛為由缺席）
	五月十日起	長州開始砲擊通過下關海峽的外國船艦，先後有美、法、荷三國船隻遭到砲擊
	六月十六日	將軍返回江戶，此次上洛前後歷時約四個月

年代		關鍵事件紀要
文久三年（一八六三）	七月二日	薩英戰爭，英國艦隊強攻兩日未能降服薩摩藩
	八月十八日	以青蓮院宮為首的反攘夷派禁止攘夷公卿參內，解除長州藩警備御所的任務，成功排除攘夷派的勢力
	八月	長州藩士高杉晉作成立不問身分只分軍階的奇兵隊及長州諸隊
	十二月廿七日	為參預會議將軍再度上洛
文久四年／元治元年（一八六四）	一月	召開參預會議，主旨為討論八一八政變後的處置
	四月	以將軍後見職一橋家當主一橋慶喜、京都守護職會津藩主松平容保、京都所司代桑名藩主松平定敬共治京都的「一會桑政權」成形
	六月五日	池田屋事件，不少長州藩士及攘夷浪士遭到浪士組（新選組前身）緝捕
	七月十九日	禁門之變，長州的兵諫行為為會津、薩摩等藩所阻，慌亂中長州朝御所開砲
	七月廿三日	朝廷發出宣布長州為朝敵的敕命
	八月五日	英、美、法、荷四國組成聯合艦隊向長州報復去年砲擊商船（下關戰爭）
	十二月十五日	高杉晉作在功山寺起兵推翻恭順派政權
	十二月廿七日	征長大軍在長州未完全履行議和條件下自行解散
元治二年／慶應元年（一八六五）	五月十六日	為再次征長將軍三度上洛
	五月	桂小五郎正式被任命為長州藩政的最高負責人
	十月七日	天皇敕許兵庫開港

慶應二年（一八六六）	一月廿一日	在土佐浪士坂本龍馬的見證下，薩摩與長州締結薩長盟約
	一月廿三日	龍馬在棲身處的寺田屋遇上伏見奉行所派人襲擊，負傷獲救
	六月七日	四境戰爭率先在周防大島點燃
	七月廿日	十四代將軍家茂病逝大坂城，得年廿一歲
	八月一日	小倉藩自行放火燒毀小倉城後撤軍，四境戰爭形同結束
	九月十日	勝海舟與長州代表議和，結束四境戰爭
	十二月五日	十朝廷頒布正二位權大納言兼右近衛大將及征夷大將軍宣下，慶喜成為第十五代將軍
	十二月廿五日	孝明天皇罹患痘瘡（天花）病逝，享年三十六歲
慶應三年（一八六七）	一月六日	祐宮睦仁親王踐祚
	五月	在京都召開四侯會議，因慶喜與島津久光針鋒相對不歡而散
	十月十四日	德川慶喜同意土佐藩提出的大政奉還
	十一月十五日	坂本龍馬與中岡慎太郎（俱為土佐藩）於京都近江屋遭到京都見廻組暗殺，享年三十三歲（中岡三十歲）
	十二月八日	赦免岩倉具視、久我建通、富小路敬直、千種有文及三條實美、三條西季知、壬生基修、四條隆謌、東久世通禧等公卿
	十二月九日	頒布《王政復古大號令》及舉行小御所會議
	十二月十二日	慶喜下令幕府軍撤出二條城，轉往大坂城

年代		關鍵事件紀要
慶應四年／明治元年（一八六八）	一月三日	一萬五千幕府軍在鳥羽街道和伏見街道遇上薩長軍，雙方開啟戰端（鳥羽伏見之戰）
	一月五日	錦之御旗飄揚在前線，加速幕府軍士氣的瓦解
	一月六日	鳥羽伏見之戰結束，敗退的幕府軍撤回大坂城，當晚慶喜等人搭船逃回江戶
	一月八日	幕府交出大坂城
	二月九日	新政府成立東征大總督府
	三月十四日	西鄉吉之助與勝海舟達成「江戶無血開城」協定，和平移交江戶城 同日在京都御所紫宸殿由三條實美代替祐宮宣讀《五條御誓文》
	四月十一日	幕府正式交出江戶城
	閏四月廿一日	新政府頒布改組政體的《政體書》，改置太政官
	五月六日	奧羽列藩同盟擴大為奧羽越列藩同盟
	五月十五日	攻克盤據上野的彰義隊，完全收復江戶
	七月十七日	江戶改名為東京，江戶鎮台改名為東京鎮將府
	八月廿七日	祐宮睦仁親王於御所紫宸殿即位
	九月八日	慶應改元明治，「明治」二字出自《周易．說卦傳》：「聖人南面而聽天下，嚮明而治」，同日並頒布《一世一元令》，此後單一天皇治世不再出現逢辛酉、甲子或災難更改年號

慶應四年／明治元年（一八六八）	九月廿日	天皇離開御所行幸東京
	十月十三日	抵達東京的天皇宣布以江戶城西丸御殿作為皇居
	十二月	成立蝦夷政權，以投票方式選出前幕府海軍副總裁榎本武揚為該政權總裁
明治二年（一八六九）	一月廿日	薩、長、土、肥四藩藩主聯名向太政官提出版籍奉還建白書
	三月廿八日	天皇再次行幸東京，從此以東京為都，不再還幸
	四月九日	以甲鐵艦為首的新政府軍艦隊在江差登陸
	五月十七日	蝦夷政權總裁榎本武揚在箱館向新政府軍代表降伏，戊辰戰爭至此全部結束
明治三年（一八七〇）	十二月廿三日	岩倉具視以敕使身分來到薩摩，說服藩主同意讓西鄉出仕太政官
明治四年（一八七一）	六月	薩、長、土共貢獻約八千名藩兵戍守帝都，名為御親兵，由近衛都督統轄，西鄉隆盛出任首任近衛都督
	七月十四日	薩、長、土、肥四名知藩事同意廢藩，到月底全國所有知藩事皆無異議，遂實施廢藩置縣，終結日本近七百年的封建制度，同時進行太政官改組

參考書目

日文書籍

1『開国と攘夷』/日本の歴史19　小西四郎　中央公論新社　二〇〇九年一月
2『幕末維新--消された歴史』　安藤優一郎　日本経済新聞出版社　二〇一〇年三月
3『明治維新--隠された真実』　安藤優一郎　日本経済新聞出版社　二〇一九年五月
4『戊辰戦争』/戦争の日本史18　保谷徹　吉川弘文館　二〇一三年四月
5『戊辰戦争全史（上）（下）』　菊地明・伊東成郎編　戎光祥出版　二〇一八年三月
6『オールからでわかりやすい！幕末・明治維新』　永濱真理子　西東社二〇一五年九月

中文書籍

7《幕末--日本近代化的黎明前》（第二部）　洪維揚　遠足文化　二〇一八年十月
8《戊辰戰爭--還原被隱藏的真相》　洪維揚　遠足文化　二〇一九年十一月
9《御一新--近代日本的光與影》（第一部東京奠都）　洪維揚　遠足文化　二〇二二年十月
10《開始讀幕末・維新的第一本書》　加來耕三監修・岸祐二著，陳嫺若譯　如果出版社　二〇一〇年十一月

國家圖書館出版品預行編目資料

一本就懂日本幕末／洪維揚著. —— 初版. ——
臺中市：好讀, 2025.01
面：　公分，——（一本就懂；35）

ISBN 978-986-178-739-8（平裝）

1. 日本史

731.268　　113014484

好讀出版

一本就懂 35

一本就懂日本幕末

作　　者／洪維揚
繪　　圖／許承菱
總 編 輯／鄧茵茵
文字編輯／莊銘桓
美術編輯／鄭年亨

發 行 所／好讀出版有限公司
臺中市 407 西屯區何厝里 19 鄰大有街 13 號
TEL:04-23157795　FAX:04-23144188
http://howdo.morningstar.com.tw
（如對本書編輯或內容有意見，請來電或上網告訴我們）
法律顧問／陳思成律師

戶名：知己圖書股份有限公司
劃撥專線：15060393
服務專線：04-23595819 轉 212
傳眞專線：04-23597123
E-mail：service@morningstar.com.tw
如需詳細出版書目、訂書，歡迎洽詢
晨星網路書店 http://www.morningstar.com.tw
如有破損或裝訂錯誤，請聯絡寄回知己圖書更換

印刷／上好印刷股份有限公司 TEL:04-23150280
初版／西元 2025 年 1 月 15 日
定價：350 元

Published by How Do Publishing Co., Ltd.
2025 Printed in Taiwan
ISBN 978-986-178-739-8